utb 6596

Eine Arbeitsgemeinschaft der Verlage

Brill | Schöningh – Fink · Paderborn –
Vandenhoeck & Ruprecht · Göttingen – Böhlau · Wien · Köln
Verlag Barbara Budrich · Opladen · Toronto
facultas · Wien
Walter de Gruyter · Berlin · Boston
Haupt Verlag · Bern
Verlag Julius Klinkhardt · Bad Heilbrunn
Mohr Siebeck · Tübingen
Narr Francke Attempto Verlag – expert verlag · Tübingen
Psychiatrie Verlag · Köln
Psychosozial-Verlag · Gießen
Ernst Reinhardt Verlag · München
transcript Verlag · Bielefeld
Verlag Eugen Ulmer · Stuttgart
UVK Verlag · München
Waxmann · Münster · New York
wbv Publikation · Bielefeld
Wochenschau Verlag · Frankfurt am Main

Prof. Dr. Hans Adam lehrt Volkswirtschaftslehre an der Hochschule Osnabrück.

Prof. Dr. Peter Mayer lehrt Volkswirtschaftslehre an der Hochschule Osnabrück.

Hans Adam / Peter Mayer

Der Haushalt der Europäischen Union

Probleme und Herausforderungen

UVK

Umschlagabbildung: © Kajdi Szabolcs · iStock

Bibliografische Information der Deutschen Nationalbibliothek
Die Deutsche Nationalbibliothek verzeichnet diese Publikation in der Deutschen Nationalbibliografie; detaillierte bibliografische Daten sind im Internet über http://dnb.dnb.de abrufbar.

DOI: https://doi.org/10.36198/9783838565965

– Ein Unternehmen der Narr Francke Attempto Verlag GmbH + Co. KG
Dischingerweg 5 · D-72070 Tübingen

Internet: www.narr.de
eMail: info@narr.de

Einbandgestaltung: siegel konzeption | gestaltung
Druck: Elanders Waiblingen GmbH

utb-Nr. 6596
ISBN 978-3-8252-6596-0 (Print)
ISBN 978-3-8385-6596-5 (ePDF)
ISBN 978-3-8463-6596-0 (ePub)

MIX
Papier | Fördert gute Waldnutzung
FSC® C016368
FSC www.fsc.org

Inhalt

Vorwort

Der Haushalt der Europäischen Union ist ein Schlüsselelement der politischen Gestaltung des Integrationsprozesses. Insbesondere die Phase, in der über den Mehrjährigen Finanzrahmen der EU entschieden wird, ist eine Zeit, in der die europäischen Gesellschaften gehalten sind, wichtige Fragen zu beantworten: Welche Ausgaben soll die Union schultern, welche gehören in die nationalen Haushalte, wie sollen die Ausgaben finanziert werden und welche Regeln sind dabei zu beachten?

Diese Veröffentlichung soll einen Beitrag zu der notwendigen Debatte in Europa leisten. Angesichts zahlreicher wirtschaftlicher und politischer Herausforderungen ist es wünschenswert, dass viele Perspektiven in die Meinungsbildung einfließen. So sind die Sichtweisen der Sektoren, die Auffassungen der Mitgliedstaaten, die Positionen der europäischen Organe, die Wahrnehmungen der Empfänger von Leistungen und die Eindrücke der europäischen Öffentlichkeit bedeutsam, um am Ende eines langen Beratungsprozesses einen Haushalt zu verabschieden, der Europa für die Zukunft stärkt.

Osnabrück, im Mai 2026

Hans Adam und Peter Mayer

1 Einleitung

Der Haushalt der Europäischen Union ist ein zentrales Instrument zur Gestaltung der Zukunft der Europäischen Union. Er zeigt Schwerpunkte des politischen Handelns auf, er demonstriert, welche Wege die Union in zentralen Themenfeldern nehmen möchte. Der Haushalt soll Ambitionen dokumentieren und Handlungsfähigkeit signalisieren. Der Verabschiedung eines neuen Mehrjährigen Finanzrahmens kommt daher besondere Bedeutung zu, da für viele Jahre festgelegt wird, welche Richtung die Union einschlägt, wo sie Stärke zeigen will, wie sie auf die veränderten Rahmenbedingungen reagieren möchte.

Wie aber sieht ein „starker Haushalt" aus, wie kann die EU vor dem Hintergrund tradierter Haushaltsgewohnheiten „schneller handeln", was bedeutet „mehr Ambition" in der konkreten Umsetzung? Diese Fragen müssen beantwortet werden und sich in einem Mehrjährigen Finanzrahmen niederschlagen, der im Rat der Europäischen Union ohne Gegenstimme und im Parlament mit Mehrheit akzeptiert wird. Um dieses anspruchsvolle Ziel zu erreichen, sind viele inhaltliche Debatten notwendig, offene Diskurse über Möglichkeiten und auch Grenzen der Übertragung von Kompetenzen auf europäische Organe.

In dieser Publikation werden wesentliche Facetten des EU-Haushaltes beleuchtet. In zwölf Kapiteln werden Hintergründe, frühere Gesichtspunkte und in der gegenwärtigen Debatte vorgebrachte Argumente präsentiert und reflektiert. Sie ermöglichen eine Positionierung in der Diskussion über die Zukunft des Haushaltes der Union.

Nach der Einleitung folgt zunächst eine kurze Einführung in wichtige Eckpunkte der Geschichte der europäischen Integration. Ein tieferes Verständnis der Haushaltsdebatten ist nur möglich, wenn diese in den Prozess der Entwicklung der Union eingeordnet werden.

In → Kapitel 3 werden die rechtlichen Grundlagen und die Abläufe für die Erstellung des Mehrjährigen Finanzrahmens und des Jahreshaushalts vorgestellt.

Das → Kapitel 4 befasst sich mit dem Mehrebenensystem der EU. Der große und wachsende Einfluss der europäischen Ebene bedeutet nicht, dass Interessen der nationalen Ebene und der nachgeordneten Gebietskörperschaften negiert werden können. Vielmehr ist das „Multi-level-Governance-System“ der EU durch vielfältige vertraglich festgelegte Koordinationsprozesse geprägt. Sie reflektieren das Bekenntnis zur Subsidiarität. Die regelmäßige Abstimmung ist essenziell für die Wahrnehmung des Handelns der EU, für das „Ownership“ der Politik, der Programme und Projekte der EU.

In dem folgenden → Kapitel 5 werden zunächst die Haushaltsgrundsätze der EU vorgestellt, bevor die Frage der Flexibilisierung des Haushalts thematisiert wird. Vor dem Hintergrund geopolitischer Veränderungen wie einer aggressiven Politik Russlands und des wenig berechenbaren Agierens der USA, neuer gesellschaftspolitischer Herausforderungen wie soziale Krisen, Polarisierung in den europäischen Gesellschaften und gewandelter Erwartungen der Bürger an die Reaktionsfähigkeit der EU sind die Bemühungen der Union, in dem Mehrjährigen Finanzrahmen im Voraus Spielräume für flexibles Handel einzuplanen, besonders wichtig.

Für das Verständnis der Diskussion über Anpassungen auf der Ausgabenseite ist der Rückblick auf vergangene Reformanstrengungen und -diskussionen zentral. Der Diskurs über die Ausgabenpolitik in vergangenen Perioden steht im Mittelpunkt des → Kapitels 6. Die Analyse zeigt anhand einer Vielzahl von Kriterien und Kategorien, wie sich in den letzten Jahrzehnten die Ausgabenschwerpunkte verändert haben.

In → Kapitel 7 wird der Kommissionsvorschlag zum Mehrjährigen Finanzrahmen aus dem Jahr 2025 präsentiert und diskutiert. Die Reaktionen aus Wissenschaft, Politik und Wirtschaft werden vorgestellt und eingeordnet.

Das → Kapitel 8 behandelt die Finanzierung des EU-Haushalts. Auf die gegenwärtige Struktur der Einnahmen wird ebenso eingegangen wie auf die Vorschläge zum Umbau des Einnahmensystems. Zur vorgesehenen Reform des Eigenmittelsystems wird Stellung genommen.

Es folgt das → Kapitel 9, in dem die komplexe Frage der Nettopositionen und der damit verknüpften Finanztransfers diskutiert wird. Trotz der nur geringen Aussagekraft des operativen Haushaltssaldos ist das Rückholdenken der Mitgliedsländer gegenüber dem EU-Haushalt immer noch stark ausgeprägt.

Die Frage der Verschuldung der EU ist Thema des → Kapitels 10. Der hohe Schuldenstand gemessen am Bruttoinlandsprodukt vor allem in den großen Mitgliedsländern hat die Forderung nach einer gemeinsamen Verschuldung auf EU-Ebene belebt, um angesichts der Herausforderungen der Zukunft den Ausgabenbedarf decken und die Ziele der EU erreichen zu können.

In dem → Kapitel 11 werden die unterschiedlichen Formen der Konditionalität als Mittel zur Beachtung bestimmter Bedingungen im Haushaltsprozess vorgestellt und aufgezeigt, wie sich dieses Instrument in den letzten Jahren verändert hat.

In → Kapitel 12 wird abschließend eine Einordnung der Diskussion des Haushaltes der Union im Kontext der politischen Entwicklungen vorgenommen.

2 Die Entwicklung der EU - eine kurze Einführung

2.1 Öffentlicher Haushalt als Spiegelbild gesellschaftlicher Entwicklungen

Fragen der Ausgestaltung eines öffentlichen Haushaltes sind im Kontext der gesellschaftlichen, wirtschaftlichen und politischen Entwicklungen zu sehen, zu erfassen und zu interpretieren. Entscheidungen über die Ausgestaltung der Einnahmen und der Ausgaben reflektieren Vorstellungen von Prioritäten und Kompromisse der handelnden Akteure. Dies gilt auch für die Europäische Union und deren Vorgängerinstitutionen. Im Folgenden werden sieben Aspekte der Entwicklung der europäischen Integration skizziert, die für das Verständnis der Budgetentwicklung von besonderer Bedeutung sind.

2.2 Von der EGKS, der EWG und EURATOM zur EU: Regelungen der Zusammenarbeit

Die Diskussion über eine stärkere Integration der europäischen Staaten begann schon kurz nach dem Ende des Zweiten Weltkriegs (vgl. Loth 2014, S. 9–25, Adam/Mayer 2025, S. 20–22, Wurzel 2019, S. 18–25). Winston Churchill forderte in seiner Rede in Zürich im Jahr 1946 den Aufbau der Vereinigten Staaten von Europa. Robert Schuman und Jean Monnet setzten sich auf französischer Seite für eine Aussöhnung mit Deutschland und eine enge europäische Kooperation ein. De Gasperi, der Ministerpräsident Italiens, engagierte sich intensiv für den Zusammenschluss europäischer Staaten. Auf deutscher Seite warb Konrad Adenauer für eine enge Zusammenarbeit der europäischen Länder.

Bereits sieben Jahre nach Ende des Zweiten Weltkrieges wurde die Europäische Gemeinschaft für Kohle und Stahl (EGKS) gegründet. Weitere sechs Jahre später folgte im Jahr 1958 die Europäische Wirtschaftsgemeinschaft (EWG) und die Europäische Atomgemeinschaft (EURATOM). Mit der Konstituierung der drei Gemeinschaften mussten wichtige Entscheidungen über den Aufbau der Organisationsstrukturen sowie über die Einnahmen und Ausgaben der Gemeinschaften getroffen werden.

Im Jahr 1967 folgte die Fusion der EGKS, EWG und EURATOM. Trotz weiterbestehender eigenständiger Zielsetzungen und Politikkonzepte wurde ein gemeinsames Exekutivorgan geschaffen. Eine einzige parlamentarische Versammlung und ein einziger Gerichtshof waren bereits in den Verträgen von Rom verabredet worden. In dem Fusionsvertrag wurden auch Regeln für die Haushaltsführung festgeschrieben.

Die Kooperation der drei Gemeinschaften wurde in den 90er-Jahren neu geordnet: Die Europäische Union wurde geschaffen. Im Maastricht Vertrag wurden die Regeln der Zusammenarbeit grundlegend überarbeitet und Zuständigkeiten präzisiert. Nach weiteren Anpassungen in den Verträgen von Amsterdam und Nizza einigten sich schließlich die Mitgliedstaaten auf den Vertrag von Lissabon, nachdem der Versuch, eine Europäische Verfassung zu verabschieden, gescheitert war.

2.3 Vom Vertrag von Paris 1951 zu dem Lissabon Vertrag 2007: Governance des EU-Haushalts

In dem 1951 unterzeichneten Vertrag von Paris zur Etablierung der EGKS und den 1957 unterzeichneten Römischen Verträgen zur Einführung der EWG und EURATOM waren grundlegende Festlegungen zur Bestimmung des Haushaltes der jeweiligen Gemeinschaft erfolgt (vgl. Benedetto 2024). Der Vertrag zur Gründung der Europäischen Wirtschaftsgemeinschaft vom 25. März 1957 enthielt in Titel II „Finanzvorschriften" detaillierte Festlegungen der Einnahmen- und Ausgabenpolitik. Mit jedem weiteren Vertrag mussten sich die Mitgliedstaaten erneut auf Fragen des Haushaltes einigen. Der 1965 unterzeichnete Fusionsvertrag (Vertrag zur Einsetzung eines Gemeinsamen Rates und einer Gemeinsamen Kommission der Europäischen Gemeinschaften vom 13.7.1967) regelte die Zusammenlegung der Exekutivorgane der drei Gemeinschaften und Fragen der Haushaltsbewirtschaftung. In den folgenden Verträgen, zunächst der Einheitlichen Europäischen Akte von 1987, dem Maastricht Vertrag von 1992, dem Vertrag von Amsterdam von 1997, dem Vertrag von Nizza von 2001 und dem Vertrag von Lissabon von 2007 mussten Entscheidungen über die Governance, insbesondere hinsichtlich der Verantwortung der einzelnen Organe, getroffen werden. Die Ausgestaltung der Beratungs- und Entscheidungsverfahren, der Reichweite der Mitsprache- und Mitentscheidungsrechte, der konkreten Rolle der Kommission, des Rates und des Europäischen Parlamentes in

Fragen des EU-Haushaltes war regelmäßig kontrovers diskutiert worden, war doch mit diesen Verfahren und den Entscheidungs- und Vetorechten ein weitreichender Einfluss verbunden.

2.4 Die schrittweise Erweiterung der Union: Veränderung der Zahlungsströme

Der Haushalt der europäischen Gemeinschaften und der Union muss im Kontext der Erweiterung gesehen werden (vgl. Benedetto 2024). Der Gründung der EGKS, der EWG und von EURATOM in den Jahren 1952 und 1958 durch sechs Staaten (Belgien, Deutschland, Frankreich, Italien, Luxemburg, Niederlande) folgte bereits 1973 die erste Erweiterung um das Vereinigte Königreich, Irland und Dänemark. In den 80er-Jahren kamen Griechenland (1981), Spanien und Portugal (1986) als Neumitglieder hinzu. Nach dem Fall der Mauer und der Neuordnung Osteuropas traten 1995 Österreich, Schweden und Finnland bei. Im Jahr 2004 wurden gleich zehn neue Mitgliedstaaten (Estland, Lettland, Litauen, Polen, Tschechische Republik, Slowakei, Slowenien, Ungarn, Zypern, Malta) aufgenommen. Im Jahr 2007 folgten Rumänien und Bulgarien, im Jahr 2013 dann Kroatien. Nach dem Austritt des Vereinigten Königreiches (2020) bilden somit 27 Staaten die Europäische Union.

Die Erweiterungsschritte hatten stets Rückwirkungen auf die Ausgestaltung des Haushaltes. Die politischen Prioritäten der Mitgliedstaaten und der Organisationen der Union änderten sich und hatten Konsequenzen für die Einnahmen- und Ausgabenpolitik. Zum Zeitpunkt des Beitritts wiesen die Neumitglieder in der überwiegenden Mehrzahl der Fälle ein niedrigeres durchschnittliches Pro-Kopf-Einkommen auf als jenes der Länder, die bereits Mitglied der Gemeinschaft waren. Daher war der Beitritt in der Regel mit der Erwartung der Neumitglieder verbunden, dass Finanzströme neu ausgerichtet wurden und die relativ ärmeren Mitglieder mehr Leistungen erhielten als sie an Beiträgen abführten. Staaten, die vorher Nettoempfänger von Zahlungen waren, wurden damit sukzessive zu Nettozahlern, ein häufig in nationalen Debatten nicht einfach zu vermittelnder Prozess.

2.5 Die Erweiterung der EU und Wandlung der Ausgabenschwerpunkte

Die Ausgaben der EWG in den 60er- und 70er-Jahren waren dominiert durch den Agrarsektor. Mit der Erweiterung um Staaten im Süden in den 80er-Jahren verschoben sich die Prioritäten: Die Förderung der Infrastrukturentwicklung in den Beitrittsstaaten gewann an Bedeutung und schlug sich in einem Rückgang des Teils des Haushaltes nieder, der für Agrarentwicklung zur Verfügung stand; gleichzeitig kam es zu einem Anstieg der Ausgaben für sogenannte Kohäsionsfonds. Das Interesse an der Förderung von Investitionen in den Regionen wurde durch die Aufnahme neuer Mitgliedstaaten im Jahr 2004 und 2007 weiter gestärkt.

2.6 Föderalismus, Intergouvernementalismus und Auswirkungen auf die Ausgabenpolitik

Die Erwartungen an die Mitgliedschaft in der Europäischen Union waren und sind vielfältig und komplex. Die Unterscheidung zwischen einem föderal strukturierten Europa und einem intergouvernementalen Europa beschreibt eine wichtige Dimension der Vision eines zukünftigen Europas: Befürworter eines föderalen Europas betonen die Vorteile eines Kompetenztransfers auf die europäische Ebene, sie wollen eine Aufwertung der europäischen Organe, sie sehen in der zunehmenden Übertragung einen Fortschritt. Demgegenüber wollen die Anhänger eines intergouvernementalen Europas die politische Verantwortung in den Nationalstaaten verankern und betrachten die zunehmende Verlagerung von Hoheitsrechten auf die europäische Ebene mit Skepsis. Großbritannien war stets eher intergouvernemental orientiert, während die deutsche Politik eher ein föderales Europa favorisiert. Je mehr die Idee einer föderalen Ausgestaltung der Union präferiert und umgesetzt wird, desto bedeutsamer wird die Schaffung eines gemeinsamen EU-Haushaltes.

2.7 Die Vertiefung der Integration und gemeinsame Haushaltsverantwortung

Die europäische Integration ist durch einen schrittweisen Prozess der Vertiefung der Zusammenarbeit geprägt. In den 50er-Jahren dominierte zunächst die Kooperation im Bereich Kohle und Stahl. Es folgten in den 60er- und 70er-Jahren die Entwicklung des gemeinsamen Marktes, die Handelspolitik und vor allem die Ausgaben für eine gemeinsame Agrarpolitik. Mit der Schaffung des Europäischen Währungssystems 1979 kam die Abstimmung der allgemeinen Wirtschaftspolitik und insbesondere der Geldpolitik hinzu. In den 80er-Jahren folgte die Kohäsionspolitik. Die noch engere Koordination der Wirtschafts- und Finanzpolitik wurde mit Abschluss des Maastricht-Vertrages zur conditio sine qua non für die Stabilität der Währungsgemeinschaft. Mit den Verträgen von Amsterdam, Nizza und schließlich Lissabon kamen weitere Vertiefungsschritte hinzu. Angesichts der wachsenden militärischen Bedrohung in den 20er-Jahren des 21. Jahrhunderts gewinnt die Verteidigungspolitik an Bedeutung. Mit jedem Vertiefungsschritt war die Notwendigkeit verbunden, Entscheidungen über Art und Höhe und die Zusammensetzung der gemeinsamen Ausgaben zu treffen.

2.8 Von der Homogenität zur Heterogenität der Mitglieder: schwierigere Entscheidungsfindung über Einnahmen und Ausgaben der EU

Mit der Errichtung von EGKS, EWG und EURATOM entschieden sich sechs Staaten für eine Zusammenarbeit, die trotz der Zerstörungen während des Zweiten Weltkrieges politisch und ökonomisch vergleichbare Ausgangsbedingungen hatten. Das Erarbeiten von konsensfähigen Lösungen war schwierig wie etwa der Konflikt um die Mitgliedschaft des Vereinigten Königreiches in den 60er-Jahren zeigte. Und doch konnten die Staaten auf einem gemeinsamen Verständnis der Notwendigkeit und der Zielsetzung der Integration aufbauen. Mit der ersten Erweiterung wuchs nicht nur die Zahl der Mitgliedstaaten auf neun Mitglieder. Es wuchs auch die Unterschiedlichkeit der Erwartungen an die Mitgliedschaft. Dies galt noch stärker für die nächsten Erweiterungsschritte mit Griechenland, Spanien und Portugal. Mit dem Beitritt von insgesamt dreizehn Mitgliedstaaten in dem ersten und zweiten Jahrzehnt des 21. Jahrhunderts änderte sich erneut die Perspektive. Nicht nur waren die Staaten wirtschaftlich schwach und weit von dem Durchschnitt der EU-Staaten entfernt. Die Beitrittsstaaten aus Osteuropa hatten eine ganz andere politische Tradition. Die baltischen Staaten waren erst in den 90er-Jahren unabhängig geworden, die Tschechoslowakei hatte sich in die tschechische Republik und die Slowakei aufgespalten, und der Zerfall Jugoslawiens hatte die Entstehung ganz neuer Staaten wie Slowenien und Kroatien zur Folge. Mit dem Beitritt Zyperns entschied sich die Union für die Mitgliedschaft eines Landes, welches UN-Friedenstruppen beherbergt, um den Frieden zwischen dem Süden und Norden zu sichern.

Die Heterogenität der Mitgliedstaaten ist in den 20er-Jahren des 21. Jahrhunderts deutlich höher als zu Beginn des Integrationsprozesses. Verhandlungen über die Ausrichtung der Union und über die Einnahmen und Ausgaben wurden dadurch wesentlich komplexer und schwieriger.

Literatur

Adam, Hans/Mayer, Peter (2025): Europäische Integration, 4. Auflage, UVK Verlag, Tübingen

Benedetto, Giacomo (2024): Die Geschichte des EU-Haushalts, Europäisches Parlament, PE 636.475

Loth, Wilfried (2014): Europas Einigung – Eine unvollendete Geschichte, Campus Verlag, Frankfurt, New York

Wurzel, Eckhard (2019): Europäische Integration wohin? Zu Wirtschafts-, Finanz- und Geldpolitik sowie Reformen der EU, Verlag W. Kohlhammer, Stuttgart

3 Mehrjähriger Finanzrahmen und Jahreshaushalt: Grundlagen und Abläufe

3.1 Der Mehrjährige Finanzrahmen als Rahmenwerk

3.1.1 Die primärrechtlichen Regelungen zum Mehrjährigen Finanzrahmen

Der Mehrjährige Finanzrahmen (MFR) ist das zentrale Planungsinstrument für die mittelfristige Steuerung der Ausgaben der EU und gibt den Rahmen für die gemäß Eigenmittelbeschluss des Rates normierten Einnahmen an. Damit wird Planungssicherheit für alle Beteiligten gewährt und Konflikte um die jährlichen Haushalte werden verringert (vgl. Bundesministerium der Finanzen 2025).

Die Praxis der Erstellung eines Mehrjährigen Finanzrahmens gibt es seit Ende der 80er-Jahre. Eine zunächst informelle Regel wurde nachfolgend auch rechtlich verankert: Im Lissabon-Vertrag ist das Verfahren der Aufstellung des MFR erstmals primärrechtlich festgeschrieben. Die Grundlagen für den Haushalt finden sich in Teil II Finanzvorschriften (Artikel 310 bis 325) des Vertrages über die Arbeitsweise der Europäischen Union (AEUV).

In Artikel 312 Abs. 1 wird als zentrales Ziel des MFR beschrieben: die Ausgaben der Union sollen innerhalb der Grenzen ihrer Eigenmittel eine geordnete Entwicklung nehmen.

Der MFR muss mindestens einen Zeitraum von fünf Jahren umfassen. Der erste MFR (Delors-I-Paket) galt für einen fünfjährigen Zeitraum 1988–1992; alle nachfolgenden Planungen umfassten bisher sieben Jahre.

Artikel 312 Abs. 2 legt fest, dass der Rat gemäß einem besonderen Gesetzgebungsverfahren eine Verordnung zur Festlegung des Mehrjährigen Finanzrahmens erlässt und Einstimmigkeit im Rat erforderlich ist: Der Rat „beschließt einstimmig nach Zustimmung des Europäischen Parlamentes, die mit der Mehrheit seiner Mitglieder erteilt wird“.

Weiter heißt es: „Der Europäische Rat kann einstimmig einen Beschluss fassen, wonach der Rat mit qualifizierter Mehrheit beschließen kann, wenn er die in Unterabsatz 1 genannte Verordnung erlässt“.

Kommt es dazu, dass der Rat bis zum Ablauf des vorangegangenen Finanzrahmens keine Verordnung zur Aufstellung eines neuen Finanzrahmens erlässt, gilt nach Artikel 312 Abs. 4: Ohne Einigung auf einen neuen

Finanzrahmen werden die Obergrenzen und sonstigen Bestimmungen des letzten Jahres des vorangegangenen Finanzrahmens bis zum Erlass eines neuen Rechtsaktes fortgeschrieben.

3.1.2 Das Verfahren zur Einigung

Das Verfahren zur Einigung auf einen neuen MFR beginnt mehrere Jahre bevor ein neuer Rahmen in Kraft tritt. Für den langfristigen Haushalt 2028 bis 2034 begann der Prozess formal mit der Vorlage von Vorschlägen durch die Kommission am 16. Juli 2025 (MFR) und am 3. September 2025 (sektorale Vorschläge). In der Nachfolge der Präsentation starteten die Beratungen im Ministerrat unter Federführung des Rates für „Allgemeine Angelegenheiten". Der Ministerrat muss sich in seinen Beratungen an den Leitlinien für die Verhandlungen orientieren, welche von den Staats- und Regierungschefs im Europäischen Rat formuliert werden.

Ziel der sich über einen langen Zeitraum hinziehenden und intensiven Beratungen ist die permanente Weiterentwicklung eines Gesamtkompromisses, welcher die Vorschläge der verschiedenen beteiligten Arbeitsgruppen berücksichtigt und sich in einem „Non-paper" niederschlägt. Während der dänischen Präsidentschaft in der Union (Zeitraum: 1. Juli 2025–31. Dezember 2025) wurde eine „Negotiation Box" entwickelt, welche helfen soll, die Verhandlungen zu lenken und zu strukturieren.

Da der Vorschlag der Kommission auch Gesetzgebungsentwürfe für einzelne Sektoren wie z. B. die Landwirtschaft vorsieht, wird in den entsprechenden Ratsformationen an der Erarbeitung der Detailvorgaben gearbeitet. Hier gilt, dass von wenigen Ausnahmen abgesehen die rechtlichen Entscheidungen nach dem ordentlichen Gesetzgebungsverfahren beschlossen werden.

Nach mehrmonatigen und üblicherweise schwierigen Beratungen werden viele Eckpunkte des finalen Kompromisses deutlich. Gleichzeitig werden von Mitgliedstaaten, Organen und anderen Beteiligten Grenzen („rote Linien") formuliert, die in der Regel ein Scheitern der Verhandlungen bedingen. Erst diese Art der bewussten Inkaufnahme oder Herbeiführung des temporären Scheiterns der Verhandlungen schafft den Boden für die Akzeptanz von Zugeständnissen, welche im eigenen Kontext mit Belastungen verbunden sind.

3.1.3 Die Herausforderung der Einstimmigkeit

Der Haushalt der EU ist vor dem Hintergrund der einzigartigen rechtlichen Konstruktion durch viele Besonderheiten geprägt. Der Umfang des Haushaltes der EU ist nicht vergleichbar mit den Haushalten der EU-Mitgliedstaaten. Ein Vergleich der Ausgaben in Prozent des BNE ist nur begrenzt aussagekräftig. Zu bedenken ist, dass der Haushalt der EU auf bestimmte Sektoren fokussiert, weil nur dort die ausschließliche oder geteilte Zuständigkeit der Union gegeben ist.

Insbesondere die rechtliche Festlegung auf den Abstimmungsmodus im Rat stellt eine besondere Herausforderung dar. Für die Verordnung zum Mehrjährigen Finanzrahmen ist Einstimmigkeit im Rat und die einfache Mehrheit im Parlament erforderlich. Eine Beschlussfassung im Rat erfolgt erst nach der Zustimmung des Europäischen Parlamentes.

Auch für den Eigenmittelbeschluss ist Einstimmigkeit im Rat erforderlich. Hier gibt allerdings das Parlament nur eine Stellungnahme ab. Für den Eigenmittelbeschluss gilt jedoch anders als bei der Verordnung über den MFR, dass eine Ratifizierung durch jeden Mitgliedstaat gemäß seinen verfassungsrechtlichen Vorschriften vor dem Inkrafttreten erforderlich ist.

Einstimmigkeit ist eine hohe Anforderung, die es in nationalen Parlamenten grundsätzlich nicht gibt. Die Europäische Union, als eine Institution sui generis, die weder rein föderal organisiert noch ein Staatenbund ist, hat hier in der Aushandlung der Verträge diesen Weg gewählt, um zu verhindern, dass einzelne Staaten oder eine kleine Gruppe von Staaten durch Mehrheitsentscheidung gezwungen werden, einen Haushalt umzusetzen, den sie ablehnen. Wenn die einstimmige Abstimmung gelingt, kann dies als ein Signal der Legitimität interpretiert werden: alle Beteiligten haben Zugeständnisse machen müssen, die Vorteile und Belastungen sind nicht einseitig verteilt.

Der Preis für das Einstimmigkeitserfordernis ist allerdings ein schwieriger Aushandlungsprozess, der durch die Veto-Macht jedes einzelnen Mitgliedstaates geprägt ist. Je mehr das Vetorecht eingesetzt wird, desto stärker kann das final akzeptierte Ergebnis zu Legitimitätsproblemen in der EU führen. Die Wahrnehmung der EU wird durch das Austragen von Konflikten mit Veto-Drohungen beschädigt (vgl. Blankart 2013, Richter 2019, Heinz/Batista Cabanas 2026).

Zwei internationale Organisationen sind ebenfalls bekannt für das Einstimmigkeitsprinzip bzw. ein Vetorecht einzelner Akteure: der Sicherheitsrat der Vereinten Nationen und die Welthandelsorganisation.

Im Sicherheitsrat der Vereinten Nationen kann jedes der fünf permanenten Mitglieder eine Einigung blockieren. Der Sicherheitsrat der Vereinten Nationen hat über viele Jahrzehnte eine wichtige Rolle in der internationalen Politik gespielt. Seit Beginn des Ukrainekonfliktes und der Konfrontation zwischen Russland auf der einen Seite und den USA und den europäischen Ländern auf der anderen Seite sind konsensuale Entscheidungen im Sicherheitsrat kaum mehr möglich.

In der Welthandelsorganisation gilt das Prinzip der Einstimmigkeit bei der Aushandlung von Verträgen, die alle Mitglieder betreffen. Für die Vorgängerinstitution der WTO, das GATT, war das Konsensprinzip einer der Erfolgsfaktoren. Kompromisse wurden ausgehandelt, das Prinzip der Reziprozität sicherte Zugeständnisse von allen Seiten, und so konnten schrittweise Handelsbarrieren abgebaut werden. Auch das Regelwerk der WTO sieht das Prinzip der Einstimmigkeit bei der Ausarbeitung multilateraler Abkommen vor. Die WTO mit gegenwärtig 166 Mitgliedern hat es bisher nicht geschafft, im Anschluss an die Uruguay-Runde eine Handelsrunde erfolgreich abzuschließen. Die Doha-Runde scheiterte immer wieder am Einspruch weniger oder gar nur eines Landes.

3.2 Der jährliche Haushalt der EU

3.2.1 Die rechtlichen Regelungen zur Erstellung und Ausführung des Haushalts

Eingebettet in den Mehrjährigen Finanzrahmen ist der Haushaltsplan der EU, in dem für jedes Haushaltsjahr sämtliche als erforderlich erachteten Ausgaben und erwarteten Einnahmen der Europäischen Union veranschlagt werden (Art. 310 Abs. 1 AEUV). Während in den Mitgliedstaaten der EU das Budgetrecht den nationalen Parlamenten zusteht, beschließen der Rat der Europäischen Union und das Europäische Parlament den Haushalt der EU gemeinsam.

In Art. 314 AEUV ist das Verfahren für die Annahme des jährlichen Haushaltsplans der EU festgelegt. Die Artikel 39 bis 55 der Haushaltsordnung (ABl. L 2024/2509 vom 26.9.2024) enthalten die wichtigsten Grundsätze und Verfahren für die Aufstellung, Ausführung und Kontrolle des EU-Haushalts. Die Interinstitutionelle Vereinbarung über die Haushaltsdisziplin, die Zusammenarbeit im Haushaltsbereich und die wirtschaftliche Haushaltsführung (ABl. L 433I vom 22.12.2020) bietet Kommission, Parlament und Rat einen Rahmen für eine wirksame Kooperation in Haushaltsfragen (vgl. James 2025).

3.2.2 Das Verfahren

Die Schrittfolge zur Erstellung des jährlichen Haushaltsplans ist in → Abb. 1 im Einzelnen wiedergegeben. Artikel 314 AEUV legt für die Organe der Union, insbesondere das Europäische Parlament, den Rat und die Kommission die Verantwortlichkeiten fest; hier finden sich auch die Regelungen zum Abstimmungsverfahren und zum Umgang mit Dissens zwischen den Organen.

Von der Kommission wird zunächst ein Entwurf des Haushaltsplans vorgelegt, über den dann im Europäischen Parlament und Rat verhandelt wird. Nach Einigung ist die Kommission für die Ausführung des Haushalts zuständig.

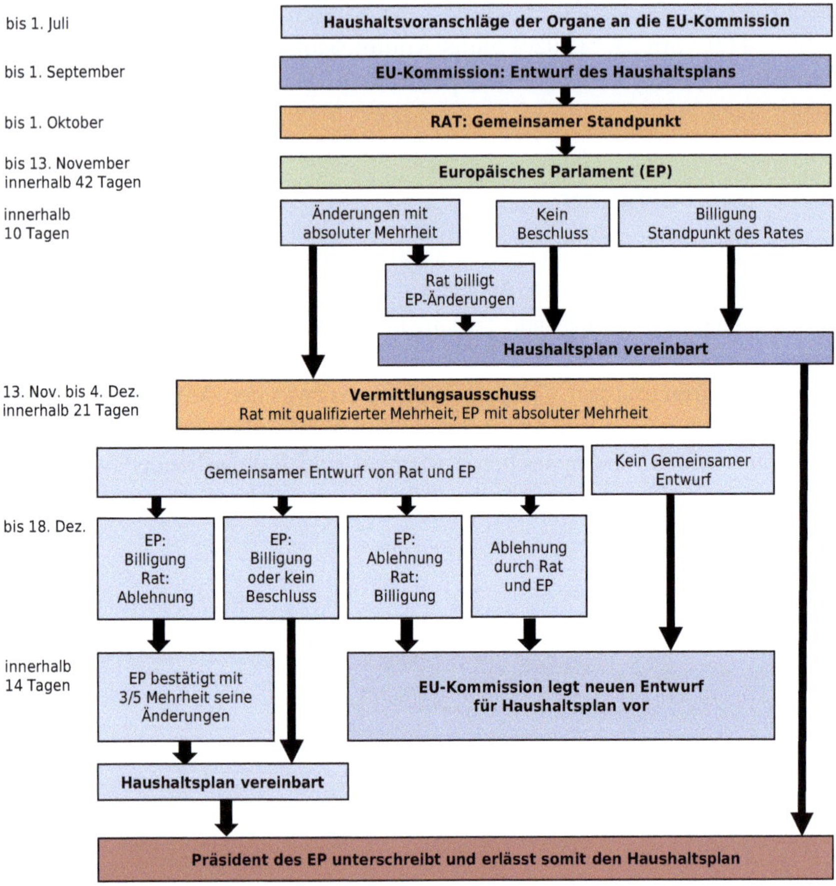

Abb. 1: Das Verfahren zur Verabschiedung des jährlichen Haushalts nach Artikel 314 AEUV | Quelle: Europäische Kommission 2026

Grundsätzlich wird über den jährlichen Haushalt im Rat auf Basis der qualifizierten Mehrheit abgestimmt; das Parlament kann den Haushalt in erster Lesung mit einfacher Mehrheit annehmen oder mit der Mehrheit seiner Mitglieder Änderungen beschließen. Das Parlament hat hier eine starke Position.

Literatur

Blankart, Charles B. (2013): Die Tyrannei der Einstimmigkeit, in: Finanz und Wirtschaft, Internet: https://www.fuw.ch/article/die-tyrannei-der-einstimmigkeit

Bundesministerium der Finanzen (2025): EU-Haushalt und Mehrjähriger Finanzrahmen, Internet: https://www.bundesfinanzministerium.de/Content/DE/Standardartikel/Themen/Europa/EU_auf_einen_Blick/EU_Haushalt/eu-haushalt-und-mehrjaehriger-finanzrahmen.html

Europäische Kommission (2026): Wie wird der EU-Haushalt erstellt?, Internet: https://commission.europa.eu/document/download/09ba1030-e239-4e35-a997-98f2c16a18e8_en?filename=budgetary-procedure.pdf&;prefLang=de

Heinz, Elisabeth/Batista Cabanas, Leticia (2026): The unanimity trap: what is the EU veto and why is it so hard to reform, in: Euronews, 31st March 2026, Internet: https://www.euronews.com/my-europe/2026/03/31/to-survive-the-eu-needs-to-break-out-of-its-own-veto-trap

James, Eleanor Remo (2025): Das Haushaltsverfahren. Kurzdarstellungen zur Europäischen Union, Europäisches Parlament, Internet: www.europarl.europa.eu/factsheets/de

Richter, Wolfram F. (2019): Mehrheitsbeschlüsse in der europäischen Steuerpolitik?, Internet: https://www.oekonomenstimme.org/artikel/2019/05/mehrheitsbeschluesse-in-der-europaeischen-steuerpolitik/

4 Die Stellung des Haushalts im Mehrebenensystem der EU

4.1 Grundsätzliche Überlegungen zu dem Mehrebenensystem

Mit der Übertragung von Hoheitsrechten der Nationalstaaten auf die Europäischen Gemeinschaften bzw. auf die Europäische Union und vor dem Hintergrund föderaler Strukturen in den Mitgliedstaaten sind die politischen Akteure der supranationalen, der nationalen, der regionalen und der kommunalen Ebene in vielen Bereichen gefordert, ihr Handeln eng aufeinander abzustimmen. Mit der europäischen Integration etablierte sich ein Mehrebenensystem („multilevel governance"), das durch die fortschreitende Vertiefung der Zusammenarbeit zunehmend an Bedeutung gewann. Die Politikverflechtung zwischen den Ebenen erfordert besondere formelle und informelle Koordinationsmechanismen, um der Komplexität und der Dynamik der Herausforderungen gerecht zu werden (vgl. Hüther/Vogel 2020, S. 18, Benz 2006, S. 317–351, Pazos-Vidal 2020, S. 27–32).

4.2 Die Aufgabenallokation in einem Mehrebenensystem

Die Ausgestaltung der Politik im Mehrebenensystem der EU muss dem Prinzip der Subsidiarität Rechnung tragen (vgl. Europäischer Ausschuss der Regionen 2013, S. 2). Sie muss die in Europa sehr unterschiedlichen Vorstellungen zur Kompetenzaufteilung zwischen Zentralregierung und Regierung in Gliedstaaten berücksichtigen. Auch ökonomische Argumente, welche für zentrale oder dezentrale Aufgabenerfüllung sprechen, geben wichtige Hinweise, wie das Mehrebenensystem strukturiert wird und welche institutionellen Regelungen erforderlich sind.

4.2.1 Das Prinzip der Subsidiarität als gesetzlich vorgegebener Leitgedanke

Das in Artikel 5 des Vertrages über die Europäische Union (EUV) festgehaltene Prinzip der Subsidiarität zielt darauf ab, Kompetenzen nur dann auf eine höhere Ebene zu übertragen, wenn die niedrigere Ebene nicht in der Lage ist, die Aufgaben effektiv zu erfüllen. Mit der Beachtung dieses Prinzips der Subsidiarität sollen die Interessen von Gruppen gesichert werden, welche selbst die Verantwortung für die Gestaltung einer Politik übernehmen können. Die formale Festschreibung dieses Prinzips erfolgte erstmals im Vertrag von Lissabon und dient als Schutzmechanismus gegen übermäßige Eingriffe höherer Instanzen in Angelegenheiten der niedrigeren Ebene: Sie dient dem Schutz der Nationalstaaten gegenüber Eingriffen der EU und zielt ebenfalls ab auf den Schutz der Bundesländer, der Regionen und der Kommunen gegen nicht erforderliche Eingriffe der höheren Ebenen. Auch Gruppen, die nicht einer territorialen Ordnung zugerechnet werden, wie etwa Parteien, religiöse Einrichtungen und Bildungseinrichtungen können sich auf das Prinzip der Subsidiarität berufen.

4.2.2 Föderale Ordnung und Traditionen als Orientierungspunkt

Die EU muss ebenso die föderale Tradition, die viele Staaten der Union prägt, in der Gestaltung ihrer Politik beachten. Einige Mitgliedstaaten haben seit Jahrhunderten föderale Strukturen und Traditionen, während in anderen Staaten die Stärkung von Regionen eher jüngeren Datums ist. Demgegenüber gibt es Staaten, in denen die Entscheidungsmacht eher zentralisiert ist und untergeordnete territoriale Einheiten eher weisungsgebunden handeln. Die konkrete Ausprägung der dezentralen Organisation der Kompetenzen, der finanziellen und administrativen Autonomie unterer Ebenen ist daher in den Mitgliedstaaten der Union uneinheitlich und gleichwohl für die Akteure ein zentraler Orientierungspunkt, den es bei der Verwirklichung der Politik der EU ständig zu berücksichtigen gilt (vgl. Hüther/Vogel 2020, S. 17–20).

4.2.3 Ökonomische Argumente für die optimale Aufgabenaufteilung aus Sicht des fiskalischen Föderalismus

Ökonomische Argumente für die Entscheidung, ob Aufgaben zentral oder dezentral verantwortet und durchgeführt werden sollten, werden insbesondere in der Theorie des fiskalischen Föderalismus aufgegriffen (vgl. Brümmerhoff/Büttner 2018, S. 565–583, Fenge 2025). Aus Sicht dieser Theorie sind die Homogenität der Präferenzen der Bürger, die Bedeutung von

Skalenerträgen bei der Bereitstellung von öffentlichen Gütern, die Relevanz von Spillover-Effekten, die Bedeutung des Wettbewerbs der Ideen und der gewünschte Spielraum für dezentrale Innovationen und Politikexperimente für die Verortung der politischen Verantwortung auf einer höheren oder niedrigeren Ebene maßgeblich. Je heterogener die Präferenzen sind, je geringer die Skalenerträge bei der Umsetzung der Politik und je weniger relevant Externalitäten sind, je wichtiger der Wettbewerb um kreative Lösungen und Innovationen ist, desto mehr spricht für dezentrale Lösungen.

4.3 Anforderungen an ein effektives und effizientes Mehrebenensystem

Im Mehrebenensystem ist die Beachtung der Interdependenz der Handlungen auf den verschiedenen Ebenen conditio sine qua non für ein effektives Management. Von zentraler Bedeutung ist ein intensiver Informationsaustausch (vgl. Europäischer Ausschuss der Regionen 2013, S. 4–6). Die in unterschiedlicher Weise in die Umsetzung der Politik eingebundenen Akteure benötigen umfangreiche Informationen. Im Ideal ist der Informationsaustausch durch Offenheit und Lernen auf allen Seiten geprägt, Scharpf (2009, S. 1) fordert als Leitbild des Mehrebenensystems „kommunikative Diskurse". Aushandlungsprozesse zwischen den Akteuren der verschiedenen Ebenen sind integraler Bestandteil von Mehrebenensystemen. Sowohl bei der Planung, der Umsetzung, dem Monitoring wie der Evaluation ist Koordination essenzieller Bestandteil eines funktionsfähigen Mehrebenensystems und durch eine partnerschaftliche Herangehensweise geprägt. In dem Weißbuch des Europäischen Ausschusses der Regionen (2009) wird das Ziel so benannt: „The legitimacy, efficiency and visibility of the way the Community operates depend on contributions from all the various players. They are guaranteed if local and regional authorities are genuine „partners" rather than mere „intermediaries"" (S. 5).

Erfolgreiche Koordination kann dazu beitragen, dass die Vermittlung von Politik nicht durch ein Gegeneinander geprägt ist, sondern die handelnden Akteure in die Ausarbeitung der Lösungen einbezogen sind und sie mittragen: „Sozial geteilte Legitimitäts-Überzeugungen stützen die freiwillige Folgebereitschaft derer, denen die Befolgung unerwünschter staatlicher Regeln oder Entscheidungen zugemutet wird" (Scharpf 2009, S. 2).

4.4 Herausforderungen für die Haushaltspolitik der EU im Mehrebenensystem

4.4.1 Erwartungen an die Kommission

Alle Organe der Union, insbesondere die Europäische Kommission, müssen in einem Mehrebenensystem für die Interessen der Akteure der verschiedenen Ebenen Offenheit entwickeln. Vor dem Hintergrund der Unterschiede zwischen den Mitgliedstaaten ist dies nicht immer eine Selbstverständlichkeit gewesen.

Die Kommission hat Strukturen der Partizipation entwickelt, wie etwa die Veröffentlichung von Grünbüchern und Weißbüchern, welche eine wichtige Rolle im Konsultationsprozess neuer Initiativen auf EU-Ebene spielen. Die regelmäßige Berichterstattung im Rahmen der jährlichen Finanzberichte über die Entwicklung der Haushaltsausgaben, über die Aufteilung der Ausgaben nach verschiedenen Kriterien, über Entwicklungen und Trends, auch über Probleme der Bewirtschaftung der Mittel sind Bestandteile der Aufgeschlossenheit und Transparenz. Die Einbindung verschiedener Ebenen in die Evaluation und nachfolgend in Reformüberlegungen zu Fragen der Haushaltseinnahmen und -ausgaben ist essenziell für ein partnerschaftliches Handeln im Mehrebenensystem.

4.4.2 Der Europäische Ausschuss der Regionen

Eine zentrale Rolle im Mehrebenensystem spielt der Europäische Ausschuss der Regionen, der sich aus lokal und regional gewählten Vertreterinnen und Vertretern aller 27 Mitgliedsländer zusammensetzt. Er hat eine wichtige beratende Funktion für die Kommission, den Rat und das Parlament und ist in den Gesetzgebungsprozess eingebunden. Er muss bei Anliegen angehört werden, welche die lokalen und regionalen Gebietskörperschaften betreffen (vgl. Europäischer Ausschuss der Regionen 2025).

4.4.3 Der Dialog mit nationalen Parlamenten

Ein regelmäßiger Dialog der Kommission mit nationalen Parlamenten soll diese in die Lage versetzen, Legislativvorschläge der Kommission zu überprüfen und eigene Interessen zu artikulieren. Der Austausch dient auch der Sicherstellung der Beachtung des Subsidiaritätsprinzips. Im Bundestag ist der Ausschuss für Angelegenheiten der Europäischen Union der zentrale Ort, um Fragen der europäischen Integration zu beraten, Querschnittsthemen zu koordinieren und die Beziehungen zu den Organen der EU in besonderer Weise zu pflegen. Insbesondere dieser Ausschuss ist eingebunden in den Dialog mit Parlamentariern anderer Mitgliedstaaten der EU und wirkt aktiv mit an der Konferenz der Ausschüsse für Unionsangelegenheiten der Parlamente der Europäischen Union (Conference of Parliamentary Committees for Union Affairs of Parliaments of the European Union, COSAC). An den Treffen dieser Organisation nehmen auch Vertreter des Bundesrates und damit der Bundesländer teil.

4.4.4 Mehrebenensystem und die Interessenvertretung der Länder

Die Artikulation der Interessen der politischen Ebene unterhalb der Nationalstaaten, in Deutschland die Bundesländer, und mancher Regionen erfolgt in vielfältigen Formen: In dem Bundesratsausschuss für Fragen der Europäischen Union werden jene Anliegen beraten, die für die Länder von Bedeutung sind. Dazu gehören Rechtsakte, aber auch Vorhaben, die noch im Frühstadium der Beratung sind. In vielen Bundesländern werden europäische Fragen durch gesonderte Europaministerien bearbeitet. Die Länder verfügen über eigene Repräsentanzen in Brüssel. Die Bundesländer und so auch Regionen anderer Mitgliedstaaten sind heute, nach einem langen und komplizierten Prozess der Ausformung des Systems der Kooperation, selbstverständliche Akteure in dem Mehrebenensystem der EU (vgl. Thiemeyer 2017).

4.4.5 Geteiltes Management der EU-Haushaltsausführung

Eine besondere Form der Koordination der europäischen, nationalen und sub-nationalen Ebene erfolgt im Rahmen des geteilten Managements, bei dem die Europäische Kommission und die Mitgliedsländer gemeinsam für die Verwendung von EU-Mitteln verantwortlich sind. Dies gilt insbesondere für die Kohäsionspolitik und die Gemeinsame Agrarpolitik. Während die Behörden der Mitgliedstaaten die zu finanzierenden Projekte auswählen und für deren laufende Administration zuständig sind, legt die Kommission die Regeln und den Rahmen der Mittelbereitstellung fest und bleibt dem

Parlament gegenüber für die Haushaltsführung rechenschaftspflichtig (vgl. Europäische Union 2026).

4.5 Schlussbemerkung

„Das politische Gebilde der EU ist ein Paradebeispiel für ein komplexes Beziehungsgefüge sich überlagernder horizontaler und vertikaler politischer Entscheidungsstrukturen" (Hüther/Vogel 2020, S. 17). Das europäische Mehrebenensystem stellt EU-Institutionen und nationale Akteure vor enorme Herausforderungen, die es angesichts sich stetig wandelnder Rahmenbedingungen zu meistern gilt. Die Vielzahl der Akteure mit sehr heterogenen Interessen formulieren ganz unterschiedliche Erwartungen an die Europäische Union. Die Erarbeitung von Lösungen, welche den politischen, rechtlichen und sozialen Strukturen Rechnung tragen und sowohl effizient sind als auch auf Akzeptanz stoßen, verlangt der Union erhebliche Anstrengungen ab, insbesondere dann, wenn es um mehr als nur um graduelle Anpassungen geht.

Literatur

Benz, Arthur (2006): Mehrebenenverflechtung in der Europäischen Union, in: Jachtenfuchs, Markus/Kohler-Koch, Beate (Hrsg.): Europäische Integration, 2. Auflage, Verlag für Sozialwissenschaften, Wiesbaden, S. 317–351

Brümmerhoff, Dieter/Büttner, Thiess (2018): Finanzwissenschaft, 12. Auflage, Oldenbourg Verlag, Berlin, Boston

Europäischer Ausschuss der Regionen (2009): The Committee of the Regions' White Paper on Multilevel Governance, 2009/C 211/01, Brüssel, Internet: https://eur-lex.europa.eu/LexUriServ/LexUriServ.do?uri=OJ:C:2009:211:0001:0027:EN:PDF

Europäischer Ausschuss der Regionen (2013): Multilevel governance (MLG) in EU policies: best practices at the European level, Brüssel, Internet: https://data.europa.eu/doi/10.2863/92454

Europäischer Ausschuss der Regionen (2025): The state of regions and cities – EU annual report 2025, Brüssel, Internet: https://cor.europa.eu/sites/default/files/2025-10/EU-annual-report-2025.pdf

Europäische Union (2026): So werden die EU-Haushaltsmittel ausgegeben, Internet: https://european-union.europa.eu/institutions-law-budget/budget/how-eu-budget-spent_de

Fenge, Robert (2025): Ökonomische Theorie des Föderalismus, UVK Verlag, Tübingen

Hüther, Michael/Vogel, Markus (2020): Souveränität und Verantwortung im Mehrebenensystem: Föderalismus als Orientierung für eine zukunftsfähige EU?, IW-Policy Paper 24/20, Köln

Pazos-Vidal, Serafin (2020): Subsidiarity and EU Multilevel Governance. Actors, Networks and Agendas, Routledge, London, New York

Scharpf, Fritz W. (2009): Legitimität im europäischen Mehrebenensystem, in: Leviathan, vol. 37, S. 244–280

Thiemeyer, Guido (2017): Stiefkinder der Integration – Die Bundesländer und die Entstehung des europäischen Mehrebenensystems 1950 bis 1985, in: Vierteljahreshefte für Zeitgeschichte, Heft 3, S. 339–363

5 Haushaltsgrundsätze, Flexibilisierung des EU-Haushalts und leistungsorientierte Budgetierung

5.1 Haushaltsgrundsätze

Eingebettet in den Mehrjährigen Finanzrahmen finden im Jahreshaushaltsplan der EU die politischen Prioritäten ihren budgetären Niederschlag. Um eine ordnungsgemäße Aufstellung, Ausführung und Kontrolle des EU-Haushalts zu gewährleisten, sind die in der Haushaltsordnung (vgl. Europäische Kommission 2024) niedergelegten Haushaltsgrundsätze der Einheit und Haushaltswahrheit, der Jährlichkeit, des Haushaltsausgleichs, der Rechnungseinheit, der Gesamtdeckung, der Spezialität, der Wirtschaftlichkeit der Haushaltsführung und der Transparenz zu beachten. In → Box 1 werden diese Grundsätze kurz skizziert.

Box 1 | Haushaltsgrundsätze

Regeln für die Aufstellung, Ausführung und Kontrolle des Haushaltsplans:

- Gemäß dem Grundsatz der Einheit und dem Grundsatz der Haushaltswahrheit müssen sämtliche als erforderlich erachteten Einnahmen und Ausgaben der Union im Haushaltsplan ausgewiesen werden.
- Der Grundsatz der Jährlichkeit besagt, dass der Haushaltsplan für jeweils ein Haushaltsjahr angenommen wird; das Haushaltsjahr beginnt am 1. Januar und endet am 31. Dezember.
- Nach dem Grundsatz des Haushaltsausgleichs müssen die für ein Haushaltsjahr veranschlagten Einnahmen den Mitteln für Zahlungen entsprechen.
- Der Grundsatz der Rechnungseinheit stellt darauf ab, dass Aufstellung und Ausführung des Haushaltsplans wie Rechnungslegung in Euro erfolgen.

- Nach dem Grundsatz der Gesamtdeckung dient die Gesamtheit der Haushaltseinnahmen der Deckung der Gesamtheit der Haushaltsausgaben; das Bruttoprinzip ist anzuwenden.
- Der Grundsatz der Spezialität besagt, dass Mittelansätze nur für den im Haushaltsplan vorgesehenen Verwendungszweck eingesetzt werden dürfen.
- Der Grundsatz der Wirtschaftlichkeit der Haushaltsführung definiert sich unter Rückgriff auf die Gebote der Sparsamkeit, der Wirtschaftlichkeit und der Wirksamkeit.
- Der Grundsatz der Transparenz gewährleistet zuverlässige Informationen über Umsetzung und Rechnungslegung des Haushalts.

Quelle: Europäische Kommission 2024, S. 103–138, 2025a, S. 5

Nicht immer ist allerdings deren Einhaltung sichergestellt: werden Ausgabenprogramme etwa durch zwischenstaatliche Vereinbarungen beschlossen, die außerhalb des EU-Haushaltsrahmens angesiedelt sind („Off-Budget-Maßnahmen“), wird der Grundsatz der Einheit berührt. Gegen den Grundsatz der Gesamtdeckung wird verstoßen, wenn eine Bindung von Einnahmen für bestimmte Ausgabenzwecke vorgenommen wird. Auch die zunehmende Komplexität der Regelungen um den EU-Haushalt kann die Transparenz des Finanzgebarens beeinträchtigen und dazu führen, die Befolgung des Wirtschaftlichkeitsgrundsatzes der Haushaltsführung zu erschweren (vgl. Europäischer Rechnungshof 2023, S. 12).

5.2 Flexibilisierung des EU-Haushalts

5.2.1 Flexibilitätsinstrumente

Flexibilitätsregelungen des EU-Haushalts gewährleisten, auf sich ändernde wirtschaftliche und politische Umstände und unvorhergesehene Entwicklungen reagieren zu können und die Mittelzuweisung entsprechend neuer Ausgabenprioritäten zu aktualisieren (vgl. Sapala 2020). Zu diesen Maßnahmen zählen (vgl. Europäischer Rechnungshof 2023, S. 58, 2025a):

1. Änderungen und Anpassungen des Haushaltsplans
   - Berichtigungsschreiben und Berichtigungshaushaltspläne
   - Technische/spezifische Anpassungen (z. B. Inflation)
2. Mittelübertragungen
   - innerhalb des Haushaltsplans und auf das folgende Haushaltsjahr
   - Wiederverwendung aufgehobener Mittelbindungen
3. Inanspruchnahme von Spielräumen aus noch nicht zugewiesenen Mitteln innerhalb der festgelegten Obergrenzen des Mehrjährigen Finanzrahmens („unallocated margins“)
4. Programmspezifische Flexibilitäten: Flexibilitätspuffer im Rahmen von EU-Programmen
5. Mobilisierung von Mitteln über die Obergrenze des Mehrjährigen Finanzrahmens hinaus („headroom“)
   - Inanspruchnahme besonderer Instrumente: thematisch (z. B. Solidaritäts- und Soforthilfereserve) und nichtthematisch (z. B. Flexibilitätsinstrument)
   - Garantien über finanziellen Beistand für die Mitgliedstaaten
   - Verfahren für externe zweckgebundene Einnahmen

In → Abb. 2 wird der Flexibilitätsrahmen des EU-Haushalts für die geltende Finanzperiode überblicksartig wiedergegeben.

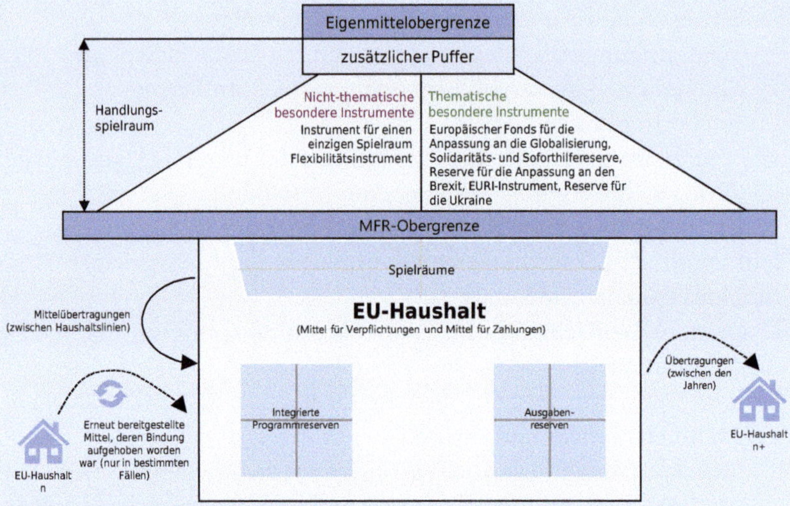

Erläuterung der besonderen Instrumente

Nicht-thematisch: keine Festlegung auf spezifische Ereignisse oder Themen

- Instrument für einen einzigen Spielraum: ermöglicht, nicht-verwendete Mittel zwischen Jahren und zwischen Rubriken zu verschieben;
- Flexibilitätsinstrument: Deckung unerwarteter Ausgaben, die nicht in die regulären Haushaltsrubriken passen, ohne über die jeweiligen Ausgabenobergrenzen hinaus zu gehen;

Thematisch: Finanzierung bestimmter, vorab festgelegter Ereignisse

- Europäischer Fonds für die Anpassung an die Globalisierung: Unterstützung erwerbslos gewordener Personen infolge weltwirtschaftlichen Strukturwandels;
- Solidaritäts- und Soforthilfereserve: dient der Unterstützung im Falle schwerer Naturkatastrophen und humanitärer wie ziviler Notlagen;
- Reserve für die Anpassung an den Brexit: Beistand bei der Bewältigung der negativen Folgen des Brexits;
- EURI-Instrument: Deckung ungeplanter Erhöhungen der Zinskosten für die Kapitalmarktfinanzierung im Zusammenhang mit dem Aufbauinstrument NGEU;
- Reserve für die Ukraine: dient der Finanzierung der Ukraine-Fazilität (2024–2027).

Abb. 2: Flexibilitätsinstrumente des EU-Haushalts im Mehrjährigen Finanzrahmen 2021-2027 | Quelle: Europäischer Rechnungshof 2025a, S. 5–6

Auch die Halbzeitüberprüfung der Funktionsweise des Mehrjährigen Finanzrahmens bietet die Möglichkeit, die zu Beginn des Planungszeitraums festgelegten Schwerpunkte zu überdenken und Anpassungen an neue Herausforderungen vorzunehmen. Erstmals wurden durch Verordnung (EU, Euratom) 2024/765 des Rates vom 29. Februar 2024 die Ausgabenobergrenzen der Mittel für Verpflichtungen im Zuge der Halbzeitrevision des Mehrjährigen Finanzrahmens 2021–2027 angehoben.

Weitere Vorschläge, die Flexibilität des EU-Haushalts zu erhöhen, sind unterbreitet worden (vgl. z. B. Rubio 2017, Marzinotto 2018):

- Generelle Stärkung der „in-built-flexibility" durch im Haushalt integrierte Mechanismen, die im Bedarfsfall eine Abweichung vom ursprünglichen Plan erlauben. Beispielsweise kann die Haushaltsbehörde der EU bei der Aufstellung des Haushaltsentwurfs um bis zu 15 % vom Bezugsbetrag der vorgesehenen Finanzausstattung eines Programms abweichen, was zur Flexibilität innerhalb der Rubriken beiträgt (legislative Flexibilität). Auch eine Reduktion der Rubrikenanzahl könnte eine Neuordnung von Programmen und Prioritäten erleichtern, soweit ein Mitteltransfer innerhalb von Rubriken einfacher durchzuführen ist als zwischen Rubriken. Besonders die Vorabzuweisung eines großen Teils der EU-Mittel an die Mitgliedstaaten zu Beginn des Finanzplanungszeitraums, die vor allem die Kohäsions- und Agrarpolitik betreffen, erschwert eine Reallokation von Ressourcen zu neuen Prioritäten. Die Kürzung dieser Vorabzuweisungen würde eine flexiblere Anpassung des EU-Haushalts an sich ändernde Rahmenbedingungen ermöglichen.
- Im jährlichen Haushaltsverfahren sind die durch den Mehrjährigen Finanzrahmen vorgegebenen Obergrenzen für die Ausgaben nach Rubriken einzuhalten. Dadurch wird die Ausgabenstruktur des Jahreshaushalts der EU weitgehend vorbestimmt. Die Haushaltsflexibilität würde erhöht, wenn im Mehrjährigen Finanzrahmen nur das Volumen der Ausgaben festgelegt wird, während die Entscheidung über die Mittelverwendung auf die einzelnen Programme im Zuge der Aufstellung des jährlichen Haushaltsplans erfolgte. Dies würde nicht zuletzt die Stellung des Parlaments im Zuge der Haushaltsplanung aufwerten (vgl. Fuest/Heinemann/Ungerer 2015).
- Bedeutender Bestimmungsfaktor der Haushaltsflexibilität ist die Laufzeit des Mehrjährigen Finanzrahmens. Je kürzer die Dauer des Mehrjährigen Finanzrahmens ist, desto geringer ist aller Voraussicht nach der Anpassungsbedarf der EU-Ausgaben an neue Gegebenheiten; je länger der Zeitraum ist, desto mehr Flexibilität ist erforderlich. Dem siebenjährigen Finanzrahmen steht die Option einer Laufzeit von fünf Jahren gegenüber, die der Wahlperiode des Europäischen Parlaments und dem Mandat der Kommission entspricht; Politikprioritäten und Haushaltsentscheidungen gingen in diesem Fall konform, wären aber mit kontinuierlichen Verhandlungen über den mittelfristigen Haushalt

verbunden. Die Alternative eines Finanzrahmens mit einer Laufzeit von zehn Jahren und einer substanziellen Halbzeitbewertung nach fünf Jahren (5+5-Modell) entspräche dem EU-Haushalt als Investitionshaushalt, der strategische Planungserfordernisse erfüllen kann, würde aber ohne Anpassungsspielräume und Möglichkeiten einer Mittelumschichtung nicht auskommen. → Tab. 1 enthält eine Übersicht über einige Vorteile und Nachteile dieser Optionen.

Mehrjähriger Finanzrahmen: Laufzeit 5 Jahre	
Pro	Contra
Ausrichtung an den Mandaten des EU-Parlaments und der Kommission (die Dauer des Mehrjährigen Finanzrahmens würde von Halbzeit zu Halbzeit der politischen Mandate laufen). Stärkung der Debatte über die Ausgabenschwerpunkte der EU; das Budget rückt ins Zentrum der europäischen Politik. Eine kürzere Laufzeit würde es erleichtern, sich an unerwartete Entwicklungen im mittelfristigen Bereich anzupassen. Durch einfachere und flexiblere Regeln ließe sich die Umsetzung der mehrjährigen Programme beschleunigen.	Kürzere Zeiträume mit geringerer Vorausschau könnten die Entwicklung langfristiger Politiken beeinträchtigen. Permanenter Verhandlungsmodus über den mittelfristigen Haushalt. Reaktionsfähigkeit innerhalb des 5-Jahres-Zeitraums fraglich. Die Vorbereitung eines nachfolgenden Finanzrahmens müsste schon zu Beginn des vorherigen erfolgen; Bewertungen wären vor dem nächsten Mehrjährigen Finanzrahmen nicht verfügbar. Aufgrund zeitaufwändiger Programmumsetzung dürften sich die meisten Ausgaben auf Maßnahmen beziehen, die im vorausgegangenen Planungszeitraum initiiert wurden.
Mehrjähriger Finanzrahmen: Laufzeit 7 Jahre	
Pro	Contra
Der EU-Haushalt ist hauptsächlich ein Investitionshaushalt, dessen mehrjährige Programme langfristige Planungssicherheit erfordern: Es gibt ein höheres Maß an Sicherheit und Stabilität hinsichtlich der Verfügbarkeit von Mitteln. Langfristige Investitionsprogramme wie großangelegte Infrastrukturprojekte (Kohäsion) werden erleichtert. Mehr Zeit für die Gestaltung und Umsetzung strategischer Investitionen wie für Evaluierung und Erstellung von	Fehlende zeitliche Synchronisation mit den Mandaten des EU-Parlaments und der Kommission. Für Entwurf und Umsetzung eines neuen Finanzrahmens sind unterschiedliche Kommissionen und das Parlament zuständig. Im folgenden Planungszeitraum bezieht sich die Verantwortung der Kommission und des Parlaments hauptsächlich auf die Vorbereitung der Zwischenbewertung. Eine Zwischenbewertung und andere Flexibilitätsinstrumente oder -mecha-

<table>
<tr><td>Vorschlägen für den nachfolgenden Finanzrahmen.</td><td>nismen sind erforderlich, um auf sich ändernde Bedingungen während der Dauer des Finanzrahmens reagieren zu können.
Faktisch kann die Halbzeitbewertung nur auf den Erfahrungen der ersten beiden Jahre der Umsetzung beruhen. Bei Verzögerungen in der Umsetzung kann die Bewertung im Wesentlichen nur auf Erfahrungen aus dem früheren Finanzrahmen oder auf Annahmen zurückgreifen.</td></tr>
<tr><th colspan="2">Mehrjähriger Finanzrahmen:
Laufzeit 10 Jahre mit Halbzeitbewertung nach 5 Jahren</th></tr>
<tr><th>Pro</th><th>Contra</th></tr>
<tr><td>In Übereinstimmung mit den Mandaten des Europäischen Parlaments und der Kommission würde die Debatte über den EU-Haushalt zu einer wichtigen, dauerhaften Priorität für jede Kommission und jedes Parlament werden.
Gewährleistung von Stabilität und Vorhersehbarkeit für die mehrjährigen Programme und Möglichkeit, politische Vorgaben und Prioritäten in operationale Ziele umzusetzen.
Gegenüber der aktuellen Halbzeitbewertung mit Daten prinzipiell nur der ersten zwei Jahre nach Umsetzung wären für eine Zwischenbewertung nach drei bis vier Jahren mehr Erfahrungen und Ergebnisse verfügbar.
Eine wesentliche Repriorisierung im Rahmen der Zwischenbewertung könnte sich auf benchmarks für die Programme beziehen, die entwickelt und kontrolliert werden.
Zeitlicher Spielraum für Planung, Umsetzung und Evaluierung von Programmen und Prioritäten.</td><td>Der Kommission kommt der bedeutendste Einfluss zu durch Vorlage des Finanzrahmens für eine Dekade und durch die Halbzeitbewertung von Kommission und Parlament.
Die Starrheit des Finanzrahmens im Fall einer Festschreibung von Obergrenzen und weiteren Größen über zehn Jahre erfordert zwingend eine umfassende Zwischenbewertung.
Die Verteilung der Mittel zwischen Rubriken und die Priorisierung innerhalb von Programmen und Instrumenten könnte bis zu einem gewissen Grad offen gelassen werden für eine Neubewertung; fraglich ist, ob Anpassungen und Spielräume so weit im Voraus abgeschätzt werden können.</td></tr>
</table>

Tab. 1: Pro und Contra der Laufzeitoptionen des Mehrjährigen Finanzrahmens | Quelle: Kengyel 2017, 2018

5.2.2 Flexibilität im Mehrjährigen Finanzrahmen 2028-2034

Angesichts der Unwägbarkeit zukünftiger Entwicklungen, geopolitischer und wirtschaftlicher Unsicherheiten bei angespannter Finanzsituation ist der EU-Haushalt so auszurichten, dass dynamischere Strukturen geschaffen werden, um die erforderlichen Anpassungen an neue Bedürfnisse und prioritäre Aufgaben bewältigen zu können. Flexibilität wird daher als ein wesentliches Kriterium des nächsten langfristigen Haushalts angesehen (vgl. Europäische Kommission 2025b, S. 25). So ist im Kommissionsvorschlag für den Mehrjährigen Finanzrahmen 2028 bis 2034 eine Komplexitätsreduktion durch Verringerung der Zahl der Rubriken von bisher sieben Rubriken (inclusive zweier Unterrubriken und einer Teilobergrenze) auf vier Rubriken vorgesehen, was die Möglichkeiten der Mittelumschichtung innerhalb der Rubriken und zwischen Programmen erleichtern wird. Dies gilt vor allem für die Zusammenführung der beiden Politikbereiche Agrarpolitik und Kohäsion unter die Rubrik „Wirtschaftlicher, sozialer und territorialer Zusammenhalt, Landwirtschaft, ländlicher Raum und Meere, Wohlstand und Sicherheit". In nationalen und regionalen Partnerschaftsplänen hat jeder Mitgliedstaat seine Agenda von Reformen, Investitionen und anderen Maßnahmen darzulegen, die auf die Prioritäten der EU ausgerichtet sind. Deutlich weniger Mittel als bisher sollen vorab fest verplant werden. Die besonderen Instrumente außerhalb der jährlichen Höchstgrenzen des Mehrjährigen Finanzrahmens werden neu strukturiert. Die drei thematischen Instrumente – EU-Globalisierungs-Fonds, die Reserve für die Brexit-Anpassung und das EURI-Instrument – werden eingestellt, während die EU-Solidaritäts- und die Soforthilfereserve für andere Ziele im Rahmen des kommenden Mehrjährigen Finanzrahmens umdisponiert werden. Damit bleiben die Ukraine-Reserve und die beiden nicht-thematischen Instrumente – das finanziell aufgebesserte Flexibilitätsinstrument und das Instrument für einen einzigen Spielraum – erhalten (vgl. Europäische Kommission 2025c, S. 33–34, 36). Darüber hinaus ist beabsichtigt, einen neuen außerordentlichen und befristeten Krisenmechanismus einzurichten, mit dem durch EU-Anleihen finanzierte Darlehen an die Mitgliedstaaten ausschließlich für den Zeitraum des kommenden langfristigen Haushalts bereitgestellt werden. Dessen Aktivierung erfolgt gemäß Art. 311 Absatz 4 AEUV durch den Rat nach Zustimmung des Europäischen Parlaments unter Berücksichtigung der Besonderheiten der Krise und des gegebenen Bedarfs (vgl. Europäische Kommission 2025b, S. 26–27, 2025c, S. 36).

5.3 Leistungsorientierte Budgetierung

Mit dem Ziel, das Budget der EU mit den politischen und wirtschaftlichen Prioritäten der Union in Einklang zu bringen, wird im Mehrjährigen Finanzrahmen 2028–2034 stärker als bisher das Konzept der ergebnis- oder leistungsorientierten Haushaltsplanung (Performance Budgeting) verfolgt (vgl. Europäische Kommission 2025b, S. 29–31). Maßgebend ist der Gedanke „value for money“ bzw. „Gute Ware für gutes Geld“. Anders als bei einer kostenbasierten Mittelzuweisung oder Erstattungen auf der Grundlage vereinfachter Kostenoptionen (Pauschalfinanzierungen, Standardeinheitskosten und Pauschalbeträgen) werden beim ergebnisorientierten Ansatz („Financing not linked to costs“) Fördergelder der EU an Leistungsindikatoren und das Erreichen vereinbarter Programmziele gebunden (vgl. Sapala 2018, OECD 2019). Vor allem das Vorgehen im Rahmen der Aufbau- und Resilienzfazilität als zentraler Teil des Aufbaufonds NextGenerationEU (NGEU) hat das Performance Budgeting der EU angestoßen. Eine Mittelvergabe erfolgt nur dann, wenn die Mitgliedstaaten quantitative und qualitative Etappenziele und Zielwerte („milestones and targets“) nachweislich erreichen, die mit der Europäischen Kommission vereinbart wurden. Die Mitgliedstaaten müssen ihre Reformagenda und Investitionsprogramme in nationalen Aufbau- und Resilienzplänen konkretisieren (vgl. Bundesministerium der Finanzen 2025), die von der Kommission zu genehmigen sind und deren Fortschritte regelmäßig überprüft werden. In den Fokus rücken die tatsächliche Leistung und die Wirkung, die von den Reformen und Programmen auf die angestrebten Ziele ausgehen (vgl. Europäischer Rechnungshof 2025b).

In Entsprechung dieses Vorgehens ist im Vorschlag für den anstehenden Mehrjährigen Finanzrahmen vorgesehen, bei Ausgaben im Rahmen der geteilten Mittelverwaltung auf der Grundlage des nationalen Partnerschaftsplans zu verfahren, der zwischen jeweiliger Regierung und Europäischer Kommission verhandelt wird. Damit diese Zentralisierung sich nicht zulasten regionaler und lokaler Akteure auswirken wird, sind den Ländern und Kommunen verbindliche Beteiligungsrechte einzuräumen; eine politisch-institutionelle Stärkung der Exekutive ist auf europäischer Ebene festzustellen (vgl. Becker 2025, Mendez/Bachtler/van der Valk u. a. 2026).

Literatur

Becker, Peter (2025): Die Zukunft der Europäischen Kohäsionspolitik. Wege der Reform, SWP-Studie 5, Berlin

Bundesministerium der Finanzen (2025): Deutscher Aufbau- und Resilienzplan (DARP), Internet: https://www.bundesfinanzministerium.de/Content/DE/Standardartikel/Themen/Europa/DARP/deutscher-aufbau-und-resilienzplan.html

Europäische Kommission (2024): Haushaltsordnung für den Gesamthaushaltsplan der Union (Neufassung), Luxemburg

Europäische Kommission (2025a): Entwurf. Der Jahreshaushaltsplan der Union für das Haushaltsjahr 2026. Allgemeine Ausgabenerklärung, COM(2025) 300 – DE, Internet: https://eur-lex.europa.eu/budget/data/DB/2026/de/GenExp.pdf

Europäische Kommission (2025b): Mitteilung der Kommission an das Europäische Parlament, den Europäischen Rat, den Rat, den Europäischen Wirtschafts- und Sozialausschuss und den Ausschuss der Regionen. Ein dynamischer EU-Haushalt für die Prioritäten der Zukunft – der Mehrjährige Finanzrahmen 2028–2034, COM(2025) 570 final, Brüssel

Europäische Kommission (2025c): Commission Staff Working Document Accompanying the document Communication from the Commission to the European Parliament, the European Council, the Council, the European and Social Committee and the Committee of the Regions. A dynamic EU budget for the priorities of the future: the Multiannual Financial Framework 2028–2034, SWD(2025) 570 final/2, Brüssel

Europäischer Rechnungshof (2023): Die Finanzlandschaft der EU. Ein Flickwerk, das weitere Vereinfachung und mehr Rechenschaftspflicht erfordert, Sonderbericht 05, Luxemburg

Europäischer Rechnungshof (2025a): Flexibilität des EU-Haushalts – Ermöglichte die Adressierung unvorhergesehener Herausforderungen, jedoch ist der Rahmen zu komplex, Sonderbericht 18/2025, Luxemburg

Europäischer Rechnungshof (2025b): Leistungsorientierung, Rechenschaftspflicht und Transparenz: Lehren aus den Schwachstellen der ARF, Analyse 02/2025, Luxemburg

Fuest, Clemens/Heinemann, Friedrich/Ungerer, Martin (2015): Reforming the Financing of the European Union: A Proposal, in: Intereconomics, vol. 50 (5), S. 288–293

Kengyel, Ákos (2017): The next Multiannual Financial Framework (MFF) and its Duration. Budgetary Affairs, European Parliament, PE 603.798

Kengyel, Ákos (2018): A Neglected Aspect of the Debates on the EU Budget: Duration of the MFF, in: Intereconomics, vol. 53 (4), S. 225–232

Marzinotto, Benedicta (2024): Revamping the EU's budgetary flexibility. In-built flexibility and «in-budget» borrowing, IPOL, European Parliament, PE 766.170
Mendez, Carlos/Bachtler, John/van der Valk, Odilia/McMaster, Irene (2026): Flexibility and Simplification in Cohesion Policy under the 2028–2034 MFF Proposals, European Parliament, PE 776.037
OECD (2019), OECD Good Practices for Performance Budgeting, OECD Publishing, Paris, Internet: https://doi.org/10.1787/c90b0305-en
Rubio, Eulalia (2017): The next Multiannual Financial Framework (MFF) and its flexibility. Budgetary Affairs, European Parliament, PE 603.799
Sapala, Magdalena (2018): Ergebnisorientierte Haushaltsplanung. Ein Mittel zur Verbesserung der EU-Ausgabenpolitik, EPRS, Europäisches Parlament, PE 608.724
Sapala, Magdalena (2020): How flexible is the EU budget? Flexibility instruments and mechanisms in the multiannual financial framework (MFF), EPRS, European Parliament, PE 646.138

6 Die Höhe und Struktur der Ausgaben der Europäischen Union

6.1 Klassifikationssysteme für die Ausgaben der EU

Die komplexe Ausgabenstruktur von Staaten, internationalen Organisationen oder der EU ist nur durch Rückgriff auf unterschiedliche Systematiken zu verstehen. Ausgaben der EU werden in den jeweiligen Haushaltserlassen nach Titeln, Kapiteln, Artikeln und Posten unterschieden. Um eine Haushaltsübersicht zu erhalten, wird häufig die Strukturierung nach den Einzelplänen von Ministerien (dem Ministerial- oder Ressortprinzip) gewählt. Das Funktionalprinzip stellt die Ausgaben nach Tätigkeitsbereichen (Rubriken) dar. Eine im Alltag der Implementierung öffentlicher Haushalte wichtige Unterscheidung ist die nach Mitteln für Verpflichtungen und Zahlungen. Eine andere für die politische Einschätzung potenziell wichtige Systematik trennt nach Pflicht- und Ermessensausgaben. Wegen unterschiedlich hoher Multiplikatorwirkungen findet eine Aufspaltung nach Sach- und Personalausgaben sowie Transfers und Subventionen statt. Im Kontext der Europäischen Union ist der gesonderte Ausweis jener Ausgaben, welche rein europäische Fragen betreffen („europäischer Mehrwert"), zentral. Ausgaben können auch nach Programmen differenziert werden. Eine Aufteilung der Ausgaben nach damit verbundenen Finanzrisiken hilft, um auf besondere Gefahren hinzuweisen. Eine weitere Gruppierung stellt auf regionale oder sonstige klar abgrenzbare Zielgruppen der Ausgaben ab. Bekannt ist die Begründung der Ausgaben nach den drei Aufgabenbereichen Allokation, Distribution und Stabilisierung.

Im Rahmen einer Evaluation von Maßnahmen werden häufig Plan- und Ist-Zahlen gegenübergestellt. Insbesondere bei Vergleichen über längere Zeiträume ist zu beachten, ob nominale oder reale (inflationsbereinigte) Zahlen zugrunde gelegt werden. Für die Einschätzung von Entwicklungen sind die Wachstumsraten der Gesamtausgaben und ausgewählter Teilausgaben wichtig. Zur Einordnung der Ausgaben ist es auch üblich, Anteile auszuweisen, um deren relative Bedeutung herauszustellen. Gebräuchlich ist hier der Anteil aller öffentlichen Ausgaben am Bruttoinlandsprodukt bzw. Bruttonationaleinkommen oder der Vergleich der Ausgaben auf europäischer mit jenen auf nationaler Ebene.

6.2 Die Ausgaben nach Rubriken

Die Europäische Union nutzt zur öffentlichen Darstellung der Ausgaben im Kontext des Mehrjährigen Finanzrahmens vor allem die Aufteilung nach Rubriken. Sieben solcher inhaltlich zusammengehörigen Ausgabenkategorien werden in der MFR-Periode 2021–2027 unterschieden, die in der → Tab. 2 wiedergegeben sind.

(Obergrenze des Mehrjährigen Finanzrahmens in Mio. EUR, zu jeweiligen Preisen)

Rubrik	2021	2022	2023	2024	2025	2026	2027	Insgesamt
MITTEL FÜR VERPFLICHTUNGEN								
1. Binnenmarkt, Innovation und Digitales	20 919	21 878	21 727	21 598	21 596	21 230	20 991	149 939
2. Zusammenhalt, Resilienz und Werte	6 364	67 806	70 137	73 289	75 697	66 404	70 128	429 825
2a. Wirtschaftlicher, sozialer und territorialer Zusammenhalt	1 769	61 345	62 939	64 683	66 361	56 593	58 484	372 174
2b. Resilienz und Werte	4 595	6 461	7 198	8 606	9 336	9 811	11 644	57 651
3. Natürliche Ressourcen und Umwelt	56 841	56 965	57 295	57 449	57 336	57 100	57 316	400 302
Davon: Marktbezogene Ausgaben und Direktzahlungen	40 368	40 639	40 693	40 603	40 529	40 542	40 496	283 870
4. Migration und Grenzmanagement	1 791	3 360	3 814	4 020	4 871	4 858	5 619	28 333
5. Sicherheit und Verteidigung	1 696	1 896	1 946	2 380	2 617	2 810	3 080	16 425
6. Nachbarschaft und die Welt	16 247	16 802	16 329	16 331	16 303	15 614	16 071	113 697
7. Europäische öffentliche Verwaltung	10 635	11 058	11 419	11 773	12 124	12 506	12 959	82 474
Davon: Verwaltungsausgaben der Organe	8 216	8 528	8 772	9 006	9 219	9 464	9 786	62 991
MITTEL FÜR VERPFLICHTUNGEN INSGESAMT	114 493	179 765	182 667	186 840	190 544	180 522	186 164	1 220 995
MITTEL FÜR ZAHLUNGEN INSGESAMT	163 496	166 534	162 053	170 543	175 378	180 586	184 198	1 202 788

Tab. 2: Rubriken im MFR 2021–2027 | Quelle: ABl. L vom 26.2.2026, S. 14

In der Rubrik „Binnenmarkt, Innovation und Digitales“ werden Ausgaben für Forschung und Innovation, die Entwicklung der europäischen Infrastruktur und des Binnenmarktes erfasst. In der Rubrik „Zusammenhalt, Resilienz und Werte“ werden die Mittel zusammengefasst, welche der Verringerung von Entwicklungsunterschieden der Mitgliedstaaten und Regionen wie dem Schutz der Werte der Union gewidmet sind. Die Rubrik „Natürliche Ressourcen und Umwelt“ enthält vor allem die Ausgaben für die Gemeinsame Agrarpolitik (GAP) und für die Meeres- und Fischereipolitik.

Die Rubik „Nachbarschaft und die Welt“ schließt die Ausgaben für die Kooperation mit Nachbarstaaten, für die internationale und die Entwicklungszusammenarbeit ein. In der Rubrik „Migration und Grenzmanagement“ werden Ausgaben für den Asyl-, Migrations- und Integrationsfonds, den Fonds für integrierte Grenzverwaltung und Ausgaben für Dezentrale Agenturen erfasst. Die Rubrik „Sicherheit und Verteidigung“ beinhaltet die Mittel für den „Europäischen Verteidigungsfonds“, den „Fonds für innere Sicherheit“ und weitere auf Sicherheit ausgerichtete Programme. Die Rubik „Europäische öffentliche Verwaltung“ betrifft die Verwaltungsausgaben der Organe und Einrichtungen der EU.

Aus → Tab. 2 lässt sich erkennen, dass die Rubrik „Zusammenhalt, Resilienz und Werte“ mit rund 35 % und die Rubrik „Natürliche Ressourcen und Umwelt“ mit 33 % der Gesamtausgaben den EU-Haushalt dominieren. Für die drittgrößte Ausgabenkategorie „Binnenmarkt, Innovation und Digitales“ wurden rund 12 % der Mittel bereitgestellt. Die Rubriken „Migration und Grenzmanagement“ mit 2,3 % und „Sicherheit und Verteidigung“ mit 1,2 % der Ausgaben spielen im Vergleich eine deutlich geringere Rolle. Auf die Rubrik „Nachbarschaft und die Welt“ entfallen gut 9 % der Mittel; 6,7 % sind für die europäische öffentliche Verwaltung eingeplant.

Die Ausgaben je Rubrik sind in Cluster und diese nach Programmen gegliedert. Die den Rubriken zugeordneten Cluster sind der folgenden → Tab. 3 zu entnehmen:

Rubriken	Cluster
Zusammenhalt, Resilienz und Werte	„Regionale Entwicklung und Zusammenarbeit“ „Wiederaufbau und Resilienz“ „In Menschen investieren, sozialer Zusammenhalt und Werte“
Natürliche Ressourcen und Umwelt	„Landwirtschaft und Meerespolitik“ „Umwelt- und Klimaschutzmaßnahmen“
Binnenmarkt, Innovation und Digitales	„Forschung und Innovation“ „Europäische strategische Investitionen“ „Binnenmarkt“ „Raumfahrt
Nachbarschaft und die Welt	„Auswärtiges Handeln“ „Heranführungshilfe“
Europäische öffentliche Verwaltung	
Migration und Grenzmanagement	„Migration“ „Grenzmanagement“
Sicherheit und Verteidigung	„Sicherheit“ „Verteidigung“

Tab. 3: Rubriken und Cluster im Mehrjährigen Finanzrahmen 2021–2027 | Quelle: Europäische Kommission 2026a

Die Analyse der relativen Bedeutung der Ausgabenbereiche zeigt erhebliche Veränderungen seit der Gründung der Europäischen Wirtschaftsgemeinschaft und später der Gründung der Europäischen Union. In den 60er- und 70er-Jahren lag der Anteil der Ausgaben für Agrarpolitik an allen Ausgaben der Union besonders hoch. Noch Ende der 80er-Jahre waren mehr als 50 %der Ausgaben für die Agrarpolitik vorgesehen. Mit der zweiten und dritten Erweiterung der Gemeinschaft gewannen Ausgaben für den Auf- und Ausbau der Infrastruktur (Regionalpolitik bzw. Kohäsionspolitik) an Bedeutung. Insbesondere seit der Jahrhundertwende haben neue Themen zu einem Rückgang der relativen Bedeutung der Agrar- und Kohäsionspolitik geführt (vgl. Europäische Kommission 2021).

Die folgende → Abb. 3 zeigt die Entwicklung der relativen Anteile der Ausgabenkategorien seit 1988.

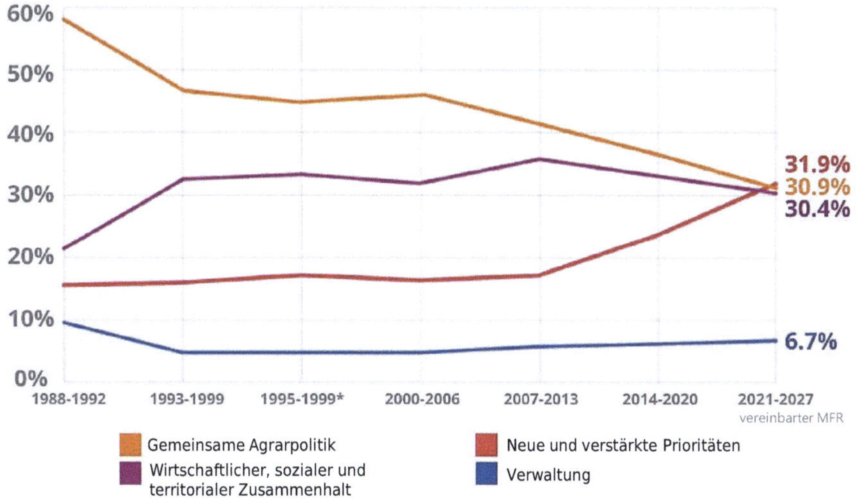

Abb. 3: Verwendung der EU-Mittel nach Ausgabenbereichen (Anteile in %) | Quelle: D'Alfonso/Dobreva/Kowald u. a. 2024, S. 13

6.3 Die Ausgaben nach thematischen Bereichen

Ausgaben in den verschiedenen Programmen können auch Querschnittsthemen zugeordnet werden. Die Kommission wählt die Zuordnung zu den fünf Themenfeldern „grüne Transition", „Humankapital", „Digitale Transition", „Förderung von Investitionen" und „offene strategische Autonomie" (vgl. European Commission 2021, S. 12).

6.4 Ausgaben nach Einzelplänen

Mehr als 97 % aller Ausgaben der EU werden von der Europäischen Kommission verantwortet. Im Einzelplan der Kommission sind auch die Ausgaben für zahlreiche dezentrale Einrichtungen (Einrichtungen mit eigener Rechtspersönlichkeit) enthalten (vgl. Europäische Kommission 2009, S. 311–313). Jenseits dieses Kommissionshaushaltes verfügt das Europäische Parlament über den größten Haushalt, gefolgt von dem Europäischen Rat und Rat der Europäischen Union und dem Europäischen Gerichtshof.

6.5 Mittel für Verpflichtungen und Mittel für Zahlungen

Die Differenzierung nach Mitteln für Verpflichtungen (MfV) und Mitteln für tatsächliche Zahlungen (MfZ) stellt sicher, dass Mittel für überjährige Projekte verfügbar sind, ohne die Gesamtsumme unmittelbar auszahlen zu müssen. Die noch abzuwickelnden Mittelbindungen werden als „reste à liquider (RAL)“ bezeichnet. Die Unterscheidung erlaubt es, sowohl längerfristige Investitionen zu ermöglichen als auch die jährlichen Zahlungen zu überwachen.

6.6 Obligatorische und nicht-obligatorische Ausgaben

Insbesondere in früheren Finanzberichten wurde die Unterscheidung der Ausgaben nach obligatorisch und nicht-obligatorisch gewählt, um deutlich zu machen, dass sich ein Teil der Ausgaben zwingend aus dem Vertrag oder den aufgrund des Vertrags erlassenen Rechtsakten ergibt. Die Unterscheidung war Gegenstand wiederkehrender Auseinandersetzungen zwischen dem Europäischen Parlament und dem Rat der Europäischen Union (vgl. Becker 2022, S. 18) und hatte zur Folge, dass Haushaltsberatungen über längere Zeit blockiert waren. Mit der Klassifikation der Ausgaben nach Rubiken wurden Spannungen bezüglich dieser Frage gemildert.

6.7 Die Bedeutung der Ausgaben für die Mitgliedstaaten

Die Bedeutung der EU-Ausgaben für die nationale Volkswirtschaft variiert erheblich. Der Ausweis des Anteils dieser Ausgaben relativ zum Bruttonationaleinkommen des Landes gibt einen Hinweis auf die volkswirtschaftliche Relevanz der europäischen Ausgaben. Sie ist in den baltischen Staaten, Griechenland, Bulgarien und Kroatien mit über 2 % am höchsten. Für die Niederlande, Deutschland, Schweden, Österreich und Dänemark liegt dieser Wert unter 0,5 % des Bruttonationaleinkommens (vgl. Deutsche Bundesbank 2025).

Der Stellenwert der einzelnen Rubriken, Cluster und Programme unterscheidet sich von Land zu Land. Die Ausgaben in der Rubrik „Natürliche Ressourcen“ sind in Frankreich und Irland besonders wichtig, während für die meisten der im 21. Jahrhundert beigetretenen Länder zur EU die Ausgaben für „Zusammenhalt, Resilienz und Werte" bedeutender sind. Luxemburg und Belgien wiederum profitieren vor allem von den Verwaltungsausgaben der EU-Organe.

6.8 Ausgaben nach dem Charakter der bereitgestellten Güter

Staatliches Handeln kann unterschiedlich begründet werden. Wenn Güter wegen der Nicht-Ausschließbarkeit und der Nicht-Rivalität des Konsums den Charakter eines öffentlichen Gutes haben, findet sich kein privater Anbieter, der bereit ist, in die Bereitstellung zu investieren. In diesem Fall muss der Staat Lösungen anbieten.

Maßnahmen zur Bekämpfung des Klimawandels oder entwicklungspolitische Maßnahmen gelten als klassische internationale öffentliche Güter: Alle europäischen Länder bzw. die Welt profitieren von der Bereitstellung, während niemand von den Vorteilen ausgeschlossen werden kann.

Die Unterscheidung nach öffentlichen und nicht-öffentlichen Gütern kann als Orientierung für die Zuordnung europäischer Aufgaben genutzt werden (vgl. Claeys/Steinbach 2024). Folgt man einer Aufteilung der Ausgaben in die fünf Kategorien „Europaweite öffentliche Güter", „Nationale öffentliche Güter", „Güter, welche den europäischen politischen Präferenzen oder Integrationszielen dienen", „Nicht-öffentliche Güter" und „unspezifiziert", dann lässt sich zeigen, dass nur etwa die Hälfte der EU-Ausgaben echte europaweite öffentliche Güter sind (vgl. Darvas/Dom/Lappe u. a. 2025, S. 14–26). Die Kohäsionspolitik mag zwar integrationspolitischen Zielen dienen und die Gemeinsame Agrarpolitik mit politischen Präferenzen begründet werden, beide Bereiche weisen aber zu weniger als 50 % den Charakter eines „europaweiten öffentlichen Gutes" auf. Die Ergebnisse für die einzelnen Rubriken lassen sich der folgenden → Abb. 4 entnehmen. Abgesehen von der europäischen öffentlichen Verwaltung (Rubrik 7) ist die Kategorie „Nachbarschaft und die Welt" am stärksten als europaweites öffentliches Gut einzuordnen; mit geringem Abstand reihen sich die Rubriken 1 (Binnenmarkt) und 5 (Sicherheit) ein, gefolgt von dem Bereich „Migration und Grenzmanagement".

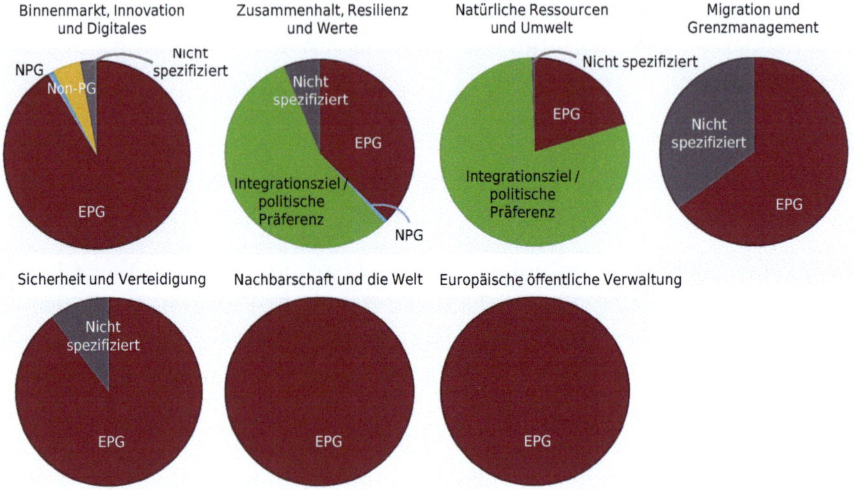

Abb. 4: Gutsspezifische Zuordnung der EU-Ausgaben | Quelle: Darvas/Dom/Lappe u. a. 2025, S. 25

6.9 Ausgaben mit Blick auf Durchführungsverantwortung

In der Union gibt es für die Programme verschiedene Formen der Mittelverwaltung (vgl. Europäische Kommission 2026b). Bei der direkten Mittelverwaltung wird das Programm von der Kommission selbst verwaltet. In dem Mehrjährigen Finanzrahmen 2021–2027 entfallen auf die in direkter Verwaltung durchgeführten Programme rund 20 % des EU-Haushalts. Bei der geteilten Mittelverwaltung sind die Kommission und nationale Behörden in den Mitgliedstaaten gemeinsam für die Programmumsetzung verantwortlich. Etwa 70 % der EU-Programme werden gegenwärtig so verwaltet. Bei der indirekten Mittelverwaltung (ca. 10 % des Haushalts) werden die Programme mit der Unterstützung von Partnerorganisationen oder anderen Behörden innerhalb oder außerhalb der EU realisiert. Den NGEU-Mitteln liegt eine andere Gewichtung in der Durchführungsverantwortung zugrunde (vgl. European Commission 2025b, S. 52).

6.10 Ausgaben mit Blick auf Risiken

Mit den Ausgaben, Programmen und Projekten, welche die EU finanziert, sind Zahlungs- und Abschlussrisiken verbunden, welche von der Kommission erfasst werden.

Das Zahlungsrisiko besteht darin, dass die geleisteten Zahlungen von Unregelmäßigkeiten betroffen sind, bevor eine Korrektur vorgenommen wurde. Das Risiko beim Abschluss stellt das verbleibende Fehlerniveau am Programmende dar, nachdem alle Kontrollen und alle Korrekturen umgesetzt wurden.

Im Jahr 2024 blieb mit Ausnahme des Kohäsionsbereichs für die MFR-Rubriken, bei denen ein Zahlungsrisiko festgestellt wurde, dieses Risiko unter 2 %, was der sog. „Wesentlichkeitsschwelle“ entspricht, die der Europäische Rechnungshof zugrunde legt. Unter diesem Wert lag auch das Abschlussrisiko über alle Bereiche des MFR (vgl. European Commission 2025b, S. 36–38).

6.11 Ausgaben im Rahmen des EU-Aufbauinstrumentes „NextGenerationEU“

In Reaktion auf die wirtschaftlichen Auswirkungen der Corona-Pandemie und getragen von dem Wunsch, eine gemeinsame europäische Antwort auf die wirtschaftspolitischen Herausforderungen zu geben, wurde im Jahr 2020 ein großes europäisches Konjunkturprogramm beschlossen. Mit der „Verordnung (EU) 2020/2094 des Rates vom 14. Dezember 2020 zur Schaffung eines Aufbauinstrumentes der Europäischen Union zur Unterstützung der Erholung nach der COVID-19-Krise“ wurde die Rechtsgrundlage für ein Finanzpaket im Umfang von bis zu 750 Mrd. € geschaffen, welches Investitionen und Reformen in den Mitgliedsländern der EU unterstützen sollte. Im Zentrum des als „NextGenerationEU“ (NGEU) bezeichneten Instrumentes steht die „Aufbau- und Resilienzfazilität“ (ARF), die einen Umfang von 724 Mrd. € hat. Davon sollten 338 Mrd. € als Zuschüsse und weitere 386 Mrd. € als Kredite für die Mitgliedstaaten gewährt werden. Zudem wurden bestehende Programme aufgestockt (→ Abb. 5).

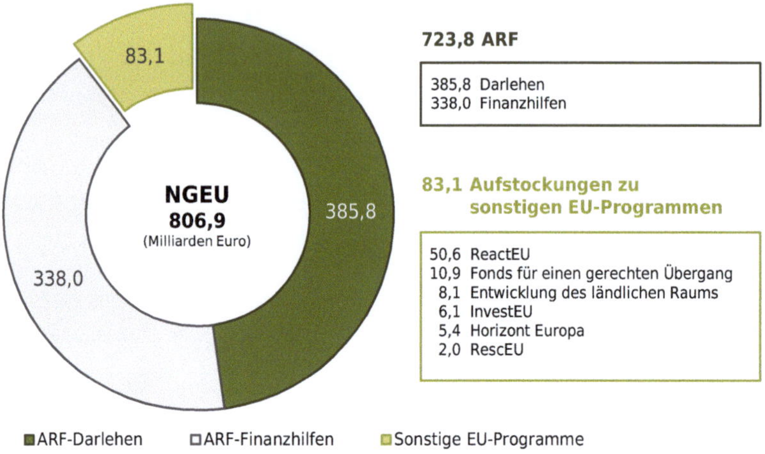

Abb. 5: NGEU-Verteilung | Quelle: Europäischer Rechnungshof 2023, S. 8

Die Bereitstellung dieser Mittel erfolgte durch Kapitalmarktfinanzierung. Die Rückzahlung der Mittel soll im Jahr 2028 beginnen und über einen 30-jährigen Zeitraum bis spätestens 2058 aus regulären Haushaltsmitteln geleistet werden.

Somit ergänzen die Mittel aus dem NGEU für die Jahre 2021–2026 die Mittel aus dem regulären Haushalt der Europäischen Union. Dies gilt insbesondere für die Rubrik Zusammenhalt, Resilienz und Werte.

Die Verteilung der Mittel auf die Länder zielt darauf ab, den wirtschaftlich schwächeren Staaten und jenen von der Pandemie besonders betroffenen Ländern Finanzmittel zur Bekämpfung der wirtschaftlichen Folgen der Krise bereitzustellen und damit deren Wirtschaft zu stärken. Für Griechenland, Rumänien, Kroatien und Italien liegt der Anteil aller Zahlungen aus dem NGEU in Relation zur volkswirtschaftlichen Leistung besonders hoch. Betrachtet man nur den Zuschussanteil, ist dieser für Kroatien, Griechenland und Bulgarien am höchsten.

Um Gelder aus dem Fonds zu erhalten, erarbeiten die Mitgliedstaaten nationale „Aufbau- und Resilienzpläne“ (ARP), mit konkreten Investitionen, Projekten, Meilensteinen und Zielen. Die Projekte müssen konsistent mit den Verabredungen im Rahmen des Europäischen Semesters und mit den übergeordneten Zielen der europäischen Politik, z. B. hinsichtlich ökologischer Ziele und der digitalen Transformation sein. Die erfolgreiche Umsetzung der Projekte und das Erreichen der Meilensteine im Rahmen eines leistungsbasierten Ansatzes ist Voraussetzung für die Freigabe der Gelder durch die Europäische Union.

Das NextGenerationEU-Programm stellt einen historischen Einschnitt dar. Dies gilt sowohl hinsichtlich des finanziellen Umfangs des Finanzpaketes, der Finanzierung durch Kredite und der Verknüpfung mit dem Europäischen Semester.

6.12 Die Ausgabenpolitik der EU: Debatten und Kontroversen

6.12.1 Die Kritik an der Gesamtausgabenhöhe

Ein wiederkehrendes Thema in den Auseinandersetzungen über den Haushalt der Europäischen Union ist dessen Volumen. Die strikte Begrenzung der Einnahmen limitierte die Ausgabenhöhe, die nur in Ausnahmefällen über Formen der Verschuldung aufgehoben werden konnte. → Abb. 6 zeigt den Anteil des EU-Budgets gemessen am BNE über den Zeitraum der letzten fünf Mehrjährigen Finanzrahmen. Das NGEU-Programm ab 2021 bedeutete einen Ausgabenanstieg um 0,7 % des BNE.

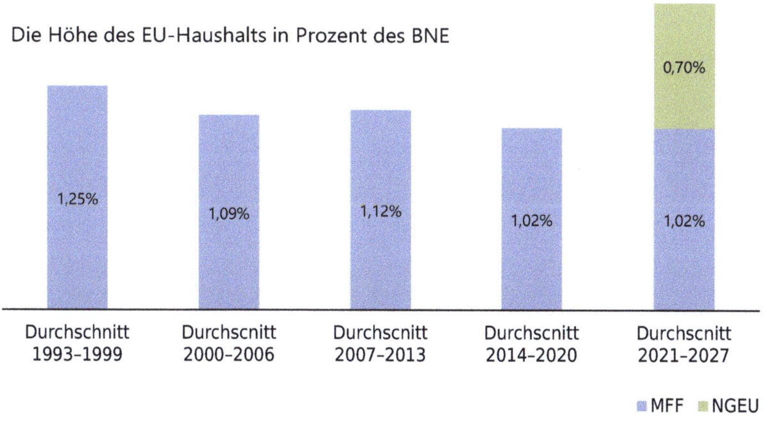

2014–2020: auf der Grundlage der genehmigten Obergrenzen des Mehrjährigen Finanzrahmens für die EU-28.

2021–2027: auf der Grundlage der genehmigten Obergrenzen des Mehrjährigen Finanzrahmens (einschließlich der Integration des Europäischen Entwicklungsfonds) gemäß der technischen Anpassung des MFR 2025 und der maximalen Unterstützung im Rahmen von NextGenerationEU (einschließlich sowohl rückzahlbarer als auch nicht rückzahlbarer Unterstützung) im Vergleich zum BNE der EU-27 für den Zeitraum 2021–2027 (Wirtschaftsprognose vom Frühjahr 2024).

Quelle: Europäische Kommission.

Abb. 6: Anteil des EU-Budgets in % des BNE, 1993–2027 | Quelle: Europäischer Rechnungshof 2023, S. 8

In der Debatte zu dem jeweils nächsten Mehrjährigen Finanzrahmen wurde immer wieder eine Erhöhung der Ausgaben gefordert, die meist mit den gestiegenen Anforderungen an die Europäische Union wie etwa der Integration neuer Mitgliedstaaten, der Bekämpfung der Finanzkrise, der Bekämpfung der wirtschaftlichen Folgen der Pandemie oder der Bereitstellung von Mitteln für Verteidigung begründet wurde. Befürworter einer Ausweitung verweisen darauf, dass die Relation der Ausgaben der EU zu dem Bruttonationaleinkommen aller EU-Staaten niedrig ist, insbesondere im Vergleich zur Staatsausgabenquote in den jeweiligen Mitgliedstaaten der Union (vgl. Draghi 2024, S. 77). Vertreter des Status quo der Ausgabenbegrenzung betonen, dass der Kern der öffentlichen Leistungen von den Nationalstaaten erbracht, dies von der Bevölkerung so erwartet wird und auch dem Prinzip der Subsidiarität entspricht. Der Haushalt der EU sei wegen der Unterschiedlichkeit der Aufgaben nicht mit den nationalen Haushalten vergleichbar. Der Ausgabenbegrenzung und dem Verschuldungsverbot wird daher eine positive Wirkung auf die Ausgabendisziplin zugeschrieben. Verwiesen wird auf die Möglichkeit, durch Umschichtung der Ausgaben Freiräume für neue Ziele zu schaffen.

6.12.2 Zusammensetzung der Ausgaben und Prioritätensetzung

Die sektorale Aufteilung der Ausgaben und damit die relative Bedeutung der Ausgaben für den Agrarsektor und für Kohäsionspolitik stand in besonderer Weise im öffentlichen Fokus und in der Kritik. Die Ausgaben für diese beiden Bereiche werden von Kritikern vor allem mit Blick auf die Opportunitätskosten, d. h. die alternative Förderung von Zukunftssektoren, als zu hoch angesehen (vgl. Draghi 2024, S. 76–78).

Kritiker der Ausgaben für Agrarpolitik verweisen darauf, dass diese Unterstützung in dem gegenwärtigen Ausmaß nicht notwendig ist. Es wird auf die umweltpolitischen Schattenseiten der Förderung hingewiesen. Ein europäischer Mehrwert wird in Frage gestellt (vgl. Darvas/Dom/Lappe u. a. 2025, S. 102–105). Die europäische Agrarpolitik wird als administrativ zu teuer und wenig effizient angesehen. Die Zielgenauigkeit mit Blick auf verteilungspolitische Ideale wird bemängelt, da erhebliche Mittel die Zielgruppe der Bauern nicht erreichen (vgl. OECD 2025, S. 11). Die hohen Ausgaben für Agrarpolitik lenkten ab von den Investitionen in Zukunftstechnologien und Märkte. Demgegenüber wird argumentiert, dass die Ziele der Versorgung mit qualitativ hochwertigen Nahrungsmitteln und dem Aufbau der Infrastruktur nach wie vor zentrale Aufgaben der EU darstellen, welche zu den grundlegenden Zielen der Union gehören. Mit Blick auf die Resilienz der Union sei eine starke europäische Landwirtschaft notwendig, um die Nahrungsmittelsouveränität nachhaltig zu sichern, die Produktion wird als systemrelevant angesehen. Die Landwirtschaft sei nach wie vor in vielen Ländern zentral für die Stabilisierung der Regionalentwicklung. Ein substanzieller Rückbau der Förderung sei schädlich für die Reputation der EU.

Auch die Ausgaben für Kohäsionspolitik werden unterschiedlich bewertet. Aus Sicht der Befürworter leistet die Kohäsionspolitik einen zentralen Beitrag für die Entwicklung der Regionen, welche durch unterdurchschnittliches Einkommen geprägt sind. Insbesondere die positive Entwicklung in den Staaten, welche im Rahmen der Osterweiterung beigetreten sind, werden kausal mit der Kohäsionspolitik in Verbindung gebracht. Die Europäische Kommission kommt aufgrund der Ergebnisse der regelmäßig durchgeführten Evaluationen zu einem insgesamt positiven Urteil (vgl. European Commission 2025c). Kritiker merken an, dass der Effekt der Förderung eher als moderat zu beschreiben sei (vgl. Fuest 2025, S. 22). Andere sehen den infrastrukturellen Aufbaubedarf und -erfolg in der Vergangenheit in vielen Regionen als gegeben, betonen aber, dass es sich hier um nationale Aufgaben handelt. Ein europäischer Mehrwert der Förderung sei häufig nicht gegeben (vgl. Darvas/Dom/Lappe u. a. 2025). Auch Mitnahmeeffekte bei Ländern, welche der Förderung nicht bedürfen, seien substanziell: Fast 30 % der Mittel werden für Projekte in Regionen ausgegeben, welche mehr als 75 % des Durchschnittseinkommens der EU haben (vgl. OECD 2025, S. 15). Bei wachsendem Wohlstand in den Empfängerstaaten sei ein Phasing-out der Förderung der richtige Weg. Auch wird mit Bezug zur Effektivität der Maßnahmen Handlungsbedarf angemahnt (vgl. Draghi 2024).

Forderungen nach einer Begrenzung von Ausgaben für Rubrik 2 (Kohäsion) und Rubrik 3 (Natürliche Ressourcen) sind in der Regel mit dem Wunsch nach Ausweitung der Förderung anderer Aufgabenbereiche verbunden; empfohlen wird ein „Repurposing the EU budget for new challenges“ (OECD 2025, S. 45–66).

Die Steigerung der Forschungsausgaben wird mit Blick auf den Öffentlichen-Gut-Charakter regelmäßig postuliert. Dies gilt für die Grundlagenforschung generell, aber auch in Schlüsselbereichen wie Hochtechnologie und

Raumfahrt, in denen die EU in der Konkurrenz mit den USA und China erheblichen Aufholbedarf sieht.

Besondere Aufmerksamkeit erfährt die Frage einer europäischen Industriepolitik. In den von Letta (2024) und später von Draghi (2024) vorgelegten Berichten werden zahlreiche Vorschläge zur Stärkung der europäischen Wettbewerbsfähigkeit präsentiert; entscheidend ist, in welchem Ausmaß die Empfehlungen in die Umsetzung des EU-Haushalts einfließen können (vgl. Sansonetti/Spinelli/Quenis 2026).

Eine anders gelagerte Diskussion konzentriert sich auf die soziale Dimension des Haushaltes. Befürworter einer Stärkung der Ausgaben für diesen Bereich argumentieren, dass dieser Aspekt in der Vergangenheit vernachlässigt wurde; die beobachtbare mangelnde Identifikation mit dem europäischen Integrationsprojekt wird als Konsequenz der Abwesenheit einer überzeugenden sozialen Dimension der EU-Politik identifiziert (vgl. Andor 2018). Die gemeinsame Reaktion auf die wirtschaftlichen und sozialen Folgen der Pandemie im Rahmen des NextGenerationEU-Programms und die europäische Zusammenarbeit bei der Bekämpfung der Arbeitslosigkeit im Rahmen des SURE-Programms zeigen für die Befürworter den Weg, den die EU einschlagen sollte, um die Integration weiterzuentwickeln. Demgegenüber wird eingewandt, dass Sozialpolitik eine authentische Aufgabe des Nationalstaates ist. Aufgrund der heterogenen sozialen Bedingungen und unter Beachtung des Subsidiaritätsprinzips sind dezentrale Lösungen zu priorisieren.

Ausgaben für den Klimaschutz gelten als europaweite oder globale öffentliche Güter. Eine gemeinsame Verantwortung für diese Politik findet in der Regel breite Unterstützung. Allerdings wird auch hier darauf verwiesen, dass viele umweltpolitische Probleme auf der nationalen Ebene angegangen werden können (vgl. Darvas/Dom/Lappe u. a. 2025).

Im Jahr 1950 gab es bereits den Vorschlag der Schaffung einer engen verteidigungspolitischen Kooperation. Der Vertrag zur Gründung einer Europäischen Verteidigungsgemeinschaft (EVG) wurde von den Gründungsmitgliedern der EWG unterzeichnet, ohne dass es am Ende zu der notwendigen Ratifizierung in allen sechs Staaten kam (vgl. Sinn 2025, S. 265–266). Immer wieder wurden Vorschläge unterbreitet und Ansätze zur Europäisierung der Verteidigung diskutiert. Ausgaben für den Ausbau der Verteidigungsfähigkeit stellen klassische europaweite öffentliche Güter dar, welche einen eindeutigen europäischen Mehrwert erzeugen. Allerdings kann auch hier eingewendet werden, dass ein Mehr an Verteidigung ohne echte Strukturreformen kein Mehr an Sicherheit bringt (vgl. Perthes 2026, S. 143–145, Sinn 2025, S. 213–285).

6.12.3 Polit-ökonomische Aspekte der Ausgabenpolitik

Grundlegende Entscheidungen über die Ausgabenpolitik der EU sind politisch höchst anspruchsvoll: Die Mitgliedstaaten beschließen den Mehrjährigen Finanzrahmen im Rat der Europäischen Union nach Zustimmung des Europäischen Parlaments. Nicht nur die formal in die finale rechtlich verbindliche Entscheidung eingebundenen Organe müssen einen Konsens finden und mittragen. Auch Einrichtungen wie beispielsweise der Ausschuss der Regionen haben eine starke Rolle. Europäisch organisierte Interessengruppen und europäische Medien, nationale Interessengruppen und nationale Medien, welche europäische Fragen aufgreifen, prägen ebenfalls den Diskurs und haben große Bedeutung für die Wahrnehmung der getroffenen Entscheidungen. Im Ergebnis des Ringens um Veränderungen und Kompromisse sind häufig die in dem jeweils nächsten Mehrjährigen Finanzplan verabredeten Schritte eher klein gewesen. Kritiker sehen dies als Hinweis, dass die Fähigkeit der Europäischen Union, mit den haushaltspolitischen Entscheidungen den disruptiven Änderungen der Welt gerecht zu werden, eher begrenzt ist.

Eine „europäische Öffentlichkeit“ ist notwendig für die Legitimation der Politik. Die Existenz eines möglicherweise bestehenden „Öffentlichkeitsdefizits der EU“ (Kantner 2004) wird kontrovers diskutiert. Viele europäische Themen werden nur von einem ausgewählten Publikum verfolgt. Selbst pro-europäische Medien stellen häufig auf personalisierte Konflikte oder Kämpfe zwischen politischen Akteuren ab (vgl. Auel/Tiemann 2020). Eine umfassende inhaltliche Auseinandersetzung findet in der Öffentlichkeit keinen Raum. Die Haushaltspolitik muss diese fragmentierte Debattenlandschaft berücksichtigen. Für demokratisch verfasste Gesellschaften kann die mangelnde Öffentlichkeit, die fehlende inhaltlich angemessene Debatte zum Problem werden.

Der starke Fokus auf Agrarpolitik reflektierte das Ergebnis der Aushandlungen der Mitgliedstaaten der Europäischen Gemeinschaft in den 60er- und 70er-Jahren und dem Konsens, dass der Schwerpunkt auf der agrarpolitischen Kooperation liegen sollte. Der Aufbau der Kohäsionspolitik als zweite zentrale Ausgabensäule der Europäischen Gemeinschaft in den 80er-Jahren erfolgte in Reaktion auf die Mitgliedschaft Griechenlands, Spaniens und

Portugals und deren besonderem Augenmerk auf dem Aufbau ihrer Infrastruktur. Mit dem wachsenden Stimmrecht der ärmeren Mitgliedstaaten mit überwiegendem Interesse an der Kohäsionspolitik nahm die absolute und relative Bedeutung der Mittel für die regionale Entwicklung zu (vgl. Baldwin/Wyplosz 2020). Die Ausgabenstruktur der Europäischen Gemeinschaft und der Europäischen Union ist in den Kontext der Veto-Macht der Mitgliedstaaten bei der Einigung über die Finanzierung eingebettet. Die Mitgliedstaaten haben die Möglichkeit, grundlegende Entscheidungen über den Haushalt der EU zu blockieren, wenn sie ihre Ausgabenvorstellungen nicht wenigstens in Grundzügen durchsetzen können. Reformvorschläge mit dem Ziel der substanziellen Rückführung der Bedeutung dieser zwei Bereiche mussten immer wieder modifiziert werden. Aus Sicht vieler Kritiker der Ausgabenpolitik ist die Governance-Struktur verantwortlich für die Trägheit des Systems bei der Lösung neuer Herausforderungen. Eine Änderung der Entscheidungsverfahren könnte eine Anpassung der Ausgabenstruktur erleichtern (vgl. Blankart/Kirchner 2003; Neheider/Santos 2011) und wird bei der Diskussion von Vorschlägen für eine Vertragsreform immer wieder genannt.

Ein besonderes Problem der Entscheidung über Ausgaben ergibt sich aus der Common-Pool-Konstellation. Die Begünstigten von Programmen der EU fordern die Förderung von Aktivitäten, solange diese aus ihrer Sicht positive Wirkungen haben und vernachlässigen die Berücksichtigung der Kosten, da die Programme von Steuerzahlern außerhalb der eigenen nationalen Grenzen bezahlt werden (vgl. Wurzel 2019, S. 186–187).

6.12.4 Fiskalischer Föderalismus und Ausgaben der EU

Angesichts der umfassenden Veränderung der gesellschaftlichen und insbesondere wirtschaftlichen Rahmenbedingungen ist nicht allein die Frage relevant, welche Politik in Europa mit welchen Instrumenten verfolgt wird. Es geht auch darum, welche Politik im direkten Verantwortungsbereich der Union liegt und im Mehrebenensystem der EU von anderen Ebenen verantwortet werden sollte. Die Weiterentwicklung des Haushalts der Union erfordert rationale Diskussionen über die von der Theorie des fiskalischen Föderalismus beschriebenen Aspekte. Dies gilt für die Kohäsionspolitik, die Agrarpolitik, die Entwicklungspolitik und andere mehr. Einmal gewählte Zuordnungen erweisen sich allerdings als nur schwer zu verändern. Kritiker beobachten ein Defizit in den europapolitischen Debatten: Statt eines nüchternen Abwägens der Vorteile supranationaler Lösungen gegenüber nationalen Lösungen, statt einer regelmäßigen offenen Debatte über zentrale und dezentrale Lösungen, statt einer intensiven Auseinandersetzung, wo die Europäische Union den stärksten Mehrwert leisten kann, kommt es häufig zu einer Politisierung der Entscheidung und einem scheinbaren Gegensatz zwischen „mehr Europa" und „weniger Europa". Zu oft werden Debatten durch Status-quo-Denken statt durch Offenheit und Akzeptanz geprägt, über alternative Lösungen nachzudenken.

6.12.5 Input-Orientierung bei der Analyse der Ausgabenpolitik

Die Diskussion über die Ausgaben der EU orientiert sich meist an den bereitgestellten Ressourcen und damit den Inputs eines intendierten Veränderungsprozesses. Die für den Wandel in der Union wichtigere Frage lautet jedoch, ob Outputs erzeugt werden, welche die gewünschten Anpassungen in Gang setzen. Da über die Auswirkungen der EU-Maßnahmen häufig keine hinreichenden Informationen vorliegen, ist eine Weiterentwicklung der Evaluation erforderlich (vgl. Europäischer Rechnungshof 2025a, S. 6). In diese Richtung zielt auch der Ansatz einer evidenzbasierten Politikgestaltung („evidence-informed policy-making") der OECD (2020).

6.12.6 Stabilisierungsfunktion des EU-Haushaltes

Die Vergemeinschaftung der Geldpolitik innerhalb der gegenwärtig 21 Mitgliedstaaten zählenden Eurozone hat regelmäßig die Frage aufgeworfen, ob und wie der EU-Haushalt zur Stabilisierung der makroökonomischen Entwicklung in der Union beitragen kann. Aufgrund des Umfangs des EU-Budgets und des Verbotes der Verschuldung im Rahmen der allgemeinen Haushaltsfinanzierung kann die Union jenseits der automatischen Stabilisatoren diese volkswirtschaftliche Funktion nicht wahrnehmen. Die Befürworter einer Vertiefung der Integration und eines Schrittes hin zu einer umfassenden Wirtschaftsunion bemängeln die Abwesenheit einer „Fiskalkapazität", welche die EU in die Lage versetzen könnte, die Wirtschafts- und Währungsunion im Fall eines wirtschaftlichen Schocks auch fiskalpolitisch zu stabilisieren (vgl. Europäische Kommission 2015, Wolff 2017, Andor 2018, S. 15–22). Insbesondere der französische Präsident warb für die Idee einer Fiskalunion, für einen größeren Haushalt und für die Einführung der Position eines Finanzministers auf EU-Ebene (vgl. Macron 2017). Mit diesem Schritt zur Stärkung der EU und der Eurozone wäre potenziell eine umfassende Reform der Governance-Struktur der Eurozone verknüpft (vgl. Wolff 2017). Kritiker einer solchen Entwicklung fordern stattdessen, die fiskalpolitische Koordination konsequent auszubauen, im Rahmen des Europäischen Semesters oder in anderer Form. Auf diesem Wege sei es möglich, mit den externen Effekten nationaler stabilisierungspolitischer Maßnahmen umzugehen.

6.12.7 Die Flexibilität der Ausgabenpolitik

Die Festlegung der Europäischen Union auf den Mehrjährigen Finanzrahmen hatte aus einer polit-ökonomischen Perspektive zahlreiche Vorteile. Insbesondere die Versachlichung der Debatten über Ausgabenprioritäten und die Vermeidung von jährlich wiederkehrenden Haushaltsstreitigkeiten war für die Wahrnehmung der Politik der EU hilfreich. Umgekehrt ist aber mit der detailreichen Festlegung auf einen längeren Zeitraum eine Reduktion der Flexibilität verknüpft. Starre Festlegungen haben den Nachteil, dass eine angemessene mit Ausgaben einhergehende Reaktion auf neue Herausforderungen nicht oder nur durch Rückgriff auf Verfahren, Prozesse oder Interpretationen von Regelungen ermöglicht wurden, die ursprünglich dafür nicht vorgesehen waren. Sukzessive wurden Mechanismen eingeführt, die eine stärkere Flexibilität erlauben, allerdings eine hohe Komplexität aufweisen (vgl. Europäischer Rechnungshof 2025b).

6.12.8 Effizienz der Ausgaben der EU

Die Vielzahl der EU-Programme reflektiert die Breite der Themen, welche von der Union bearbeitet werden. Dem erhofften positiven Effekt einer Verbesserung der Wahrnehmung der EU als Institution steht gegenüber, dass häufig die mangelnde Verzahnung der Programme und die unzureichende Effizienz des Mitteleinsatzes bemängelt wird. Hinzu kommt der Vorwurf der überhöhten Verwaltungsausgaben. Fehler bei der Mittelverwendung oder auch Betrugsfälle waren immer wieder Thema der Kritik.

In der Replik wird auf die im Vergleich zu nationalen Verwaltungen eher geringe Größe des europäischen Verwaltungsapparates und damit der Kosten hingewiesen. Es wird auf die permanenten Anstrengungen der Effizienzsteigerung verwiesen. Die von dem Europäischen Rechnungshof

(2025a) ermittelte Fehlerquote, die meist eher Unklarheiten bei der Kategorisierung von Ausgaben geschuldet ist, wird als niedrig eingestuft.

Literatur

Andor, Laszlo (2018): Ressourcen für mehr Wohlstand in Europa. Ansatzpunkte für ein progressives EU-Budget, 17/2018, Friedrich Ebert Stiftung, Berlin

Auel, Katrin/Tiemann, Guido (2020): Europeanising European Public Spheres, European Parliament, Policy Department for Citizens' Rights and Constitutional Affairs, PE 654.628, Internet: https://www.europarl.europa.eu/RegData/etudes/STUD/2020/654628/IPOL_STU(2020)654628_EN.pdf

Baldwin, Richard/Wyplosz, Charles (2020): The Economics of European Integration, 6. Auflage, McGraw Hill, London

Becker, Peter (2022): Der Haushalt der Europäischen Union und die deutsche Europapolitik, 2. Auflage, Springer VS, Wiesbaden

Blankart, Charles/Kirchner, Christian (2003): The Deadlock of the EU budget: An economic analysis of ways in and ways out, CESifo Working Paper No. 989

D'Alfonso, Alessandro/Dobreva, Alina/Kowald, Karoline/Mileusnic, Marin/Mazur, Sidonia/Peters, Tim/Pari, Mariana/Toft, Søren (2024): Budgetary Outlook for the European Union 2024, EPRS, European Parliament, PE 762.296

Claeys, Grégory/Steinbach, Armin (2024): A conceptual framework for the identification and governance of European public goods, Working Paper 14/2024, Bruegel

Darvas, Zsolt/Dom, Roel/Lappe, Marie-Sophie/Saint-Amans, Pascal/Steinbach, Armin (2025): Bigger, better funded and focused on public goods: how to revamp the European Union budget, Blueprint Series 37, Brüssel

Deutsche Bundesbank (2025): EU-Finanzen: Finanzbeziehungen der Mitgliedstaaten zur EU 2024 und Mehrjähriger Finanzrahmen 2028 bis 2034, in: Monatsbericht Oktober 2025, S. 17–45

Draghi, Mario (2024): Die Zukunft der europäischen Wettbewerbsfähigkeit – Teil A – Eine Strategie für die Wettbewerbsfähigkeit Europas, Luxemburg

European Commission (2021): The EU's 2021–2027 long-term Budget and Next GenerationEU. Facts and Figures, Luxemburg

European Commission (2025a): EU-spending and revenue 2021–2027, Internet: https://commission.europa.eu/strategy-and-policy/eu-budget/long-term-eu-budget/2021–2027/spending-and-revenue_en

European Commission (2025b): Integrated Financial and Accountability Reporting. Overview 2024, Luxemburg

European Commission (2025c): Communication from the Commission to the European Parliament and the Council. A modernized Cohesion policy: the mid-term review, COM(2025) 163 final, Straßburg, Internet: https://ec.europa.eu/regional_policy/information-sources/publications/communications/2025/a-modernised-cohesion-policy-the-mid-term-review_en

Europäische Kommission (2009): Die Finanzverfassung der Europäischen Union, 4. Auflage, Luxemburg

Europäische Kommission (2015): Die Wirtschafts- und Währungsunion Europas vollenden. Vorgelegt von: Jean-Claude Juncker in enger Zusammenarbeit mit Donald Tusk, Jeroen Dijsselbloem, Mario Draghi und Martin Schulz, Internet: https://commission.europa.eu/document/download/261ad02b-070a-47a1-b52b-b242db48addf_de?filename=Der%20Bericht%20der%20fünf%20Präsidenten%3A%20Die%20Wirtschaftsund%20Währungsunion%20Europas%20vollenden

Europäische Kommission (2021): EU Budget Policy Brief. The Evolving Nature of the Budget, Luxemburg, Internet: https://data.europa.eu/doi/10.2761/216223

Europäische Kommission (2026a): EU-Förderprogramme, Internet: https://commission.europa.eu/funding-tenders/find-funding/eu-funding-programmes_de

Europäische Kommission (2026b): Finanzierung nach Form der Mittelverwaltung, Internet: https://commission.europa.eu/funding-tenders/find-funding/funding-management-mode_de#:~:text=Geteilte%20Mittelverwaltung:%20Die%20Europäische%20Kommission,oder%20außerhalb%20der%20EU%20verwaltet

Europäischer Rechnungshof (2023): NGEU-Schuldenmanagement bei der Kommission: Ermutigender Start, aber weitere Angleichung an bewährte Verfahren erforderlich, Sonderbericht 16, Luxemburg

Europäischer Rechnungshof (2025a): Chancen für den Mehrjährigen Finanzrahmen nach 2027, Analyse 03/2025

Europäischer Rechnungshof (2025b): Flexibilität des EU-Haushalts – Ermöglichte die Adressierung unvorhergesehener Herausforderungen, jedoch ist der Rahmen zu komplex, Luxemburg, Internet: https://www.eca.europa.eu/ECAPublications/SR-2025-18/SR-2025-18_DE.pdf

Fuest, Clemens (2025): Fundamental Considerations for a More Rational Cohesion Policy in the Future, in: Asatryan, Zareh/Feld, Lars P./Heinemann, Friedrich (Hrsg.): The Future of Cohesion Policy, Mohr Siebeck, Tübingen, S. 13–29

Kantner, Cathleen (2004): Kein modernes Babel. Kommunikative Voraussetzungen europäischer Öffentlichkeit, VS Verlag für Sozialwissenschaften, Wiesbaden

Letta, Enrico (2024): Much more than a market. Speed, Security, Solidarity. Empowering the Single Market to deliver a sustainable future and prosperity for all EU Citizens, Report, European Council, April 2024

Macron, Emmanuel (2017): Rede von Staatspräsident Macron an der Sorbonnne. Initiative für Europa, Französische Botschaft, Berlin, Internet: https://de.ambafrance.org/IMG/pdf/macron_sorbonne_europe_integral.pdf?23641/4be243b705d8068173926eeb032184acc4a1f073

Neheider, Susanne/Santos, Indhira (2011): Reframing the EU Budget Decision-Making Process, in: Journal of Common Market Studies, vol. 49 (3), S. 631–651

OECD (2020), Building Capacity for Evidence-Informed Policy-Making: Lessons from Country Experiences, Paris, Internet: https://doi.org/10.1787/86331250-en

OECD (2025): OECD Economic Surveys: European Union and Euro Area 2025, July 2025, Volume 2025/19, Paris, Internet: https://doi.org/10.1787/5ec8dcc2-en

Perthes, Volker (2026): Die Multi-Polarisierung der Welt – Ein geopolitischer Wegweiser, Suhrkamp Verlag, Berlin

Sansonetti, Laure/Spinelli, Giulia/Quenis, Pauline (2026): Investment needs identified in the Draghi and Letta reports and their implications for the EU budget, European Parliament, PE 785.765

Sinn, Hans-Werner (2025): Trump, Putin und die Vereinigten Staaten von Europa, Herder Verlag, Freiburg, Basel, Wien

Wolff, Guntram (2017): Beyond the Juncker and Schäuble Visions of Euro-Area Governance, Bruegel PolicyBrief Issue 6, 1 December 2017, Brüssel

Wurzel, Eckhard (2019): Europäische Integration wohin? Zu Wirtschafts-, Finanz- und Geldpolitik sowie Reformen der EU, Verlag W. Kohlhammer, Stuttgart

7 Der Mehrjährige Finanzrahmen 2028–2034: der Vorschlag der Europäischen Kommission

7.1 Intention des Mehrjährigen Finanzrahmens 2028-2034

Der im Juli 2025 vorgestellte Entwurf des Mehrjährigen Finanzrahmens für den Zeitraum von 2028–2034 (vgl. Europäische Kommission 2025a) fällt in eine Zeit des Umbruchs und eines wachsenden Bewusstseins, dass die geopolitischen, wirtschaftlichen und sozialen Umwälzungen Europa vor große Herausforderungen stellt. Durch eine grundsätzliche Neuausrichtung des langfristigen EU-Haushalts werden diese Entwicklungen aufgenommen. In der Essenz erfolgt eine stärkere Fokussierung des künftigen Mehrjährigen Finanzrahmens auf strategische Prioritäten der EU und eine finanziell schnellere Handlungsfähigkeit im Falle von Krisen.

Eckpunkte des Vorschlags der Europäischen Kommission (2025a) mit Blick auf die Ausgaben für den siebenjährigen Zeitraum von 2028–2034 sind:

- ein Finanzvolumen für den gesamten Zeitrahmen im Umfang von knapp 2 Bio. €. Dies entspricht 1,26 % des durchschnittlichen EU-Bruttoinlandsprodukts zwischen 2028 und 2034.
- eine substanzielle Erhöhung der Ausgaben für die Förderung der Wettbewerbsfähigkeit Europas und für den Bereich Sicherheit und Resilienz
- eine Neustrukturierung der Ausgabenpolitik:
    - Eine erste Säule der Förderung erfolgt im Rahmen von „nationalen und regionalen Partnerschaftsplänen“. Die Mittel für Kohäsion, Landwirtschaft und ländliche Entwicklung und Fischerei werden stärker gebündelt.
    - In der zweiten Säule sollen Gelder für Investitionen und industriepolitische Vorhaben im Rahmen eines Fonds für Wettbewerbsfähigkeit bereitgestellt werden. In dieser Säule sind auch Mittel für die Stärkung der Verteidigungsfähigkeit Europas eingeplant.
    - Eine dritte Säule ist mit „Europa in der Welt“ tituliert und umfasst die Finanzierung für das externe Handeln und die Zusammenarbeit mit Kandidaten-, Dritt- und Nachbarschaftsländern der Europäischen Union.
    - Die vierte Säule betrifft die europäische Verwaltung.

- Programme werden gebündelt, um damit eine Vereinfachung, eine stärkere Transparenz und eine Reduktion des Verwaltungsaufwands zu erreichen.
- Neue Mechanismen und Instrumente sind vorgesehen, die ein flexibles Reagieren auf zukünftige Herausforderungen erlauben.

Die folgende → Abb. 7 zeigt die geplante Aufteilung der Mittel im Mehrjährigen Finanzrahmen 2028–2034.

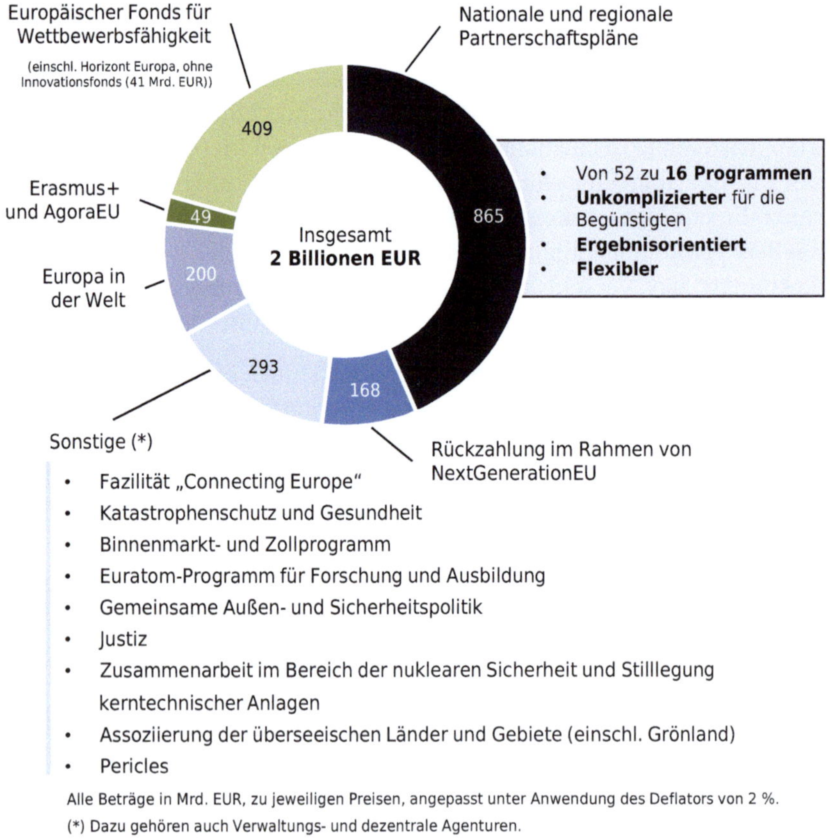

Abb. 7: Mehrjähriger Finanzrahmen 2028–2034 | Quelle: Europäische Kommission 2025b

7.2 Nationale und regionale Partnerschaftspläne und die Neustrukturierung der Ausgaben für Kohäsion, Landwirtschaft und ländliche Entwicklung

Der Vorschlag der Kommission sieht vor, die Koordination der Politik zur Förderung der Landwirtschaft und des ländlichen Raums sowie die Kohäsionspolitik völlig neu zu strukturieren. Im Rahmen von „nationalen und regionalen Partnerschaftsplänen“ (NRPs) sollen insbesondere die Mittel zusammengeführt werden, die im MFR 2021–2027 der Rubrik 2 (Zusammenhalt, Resilienz und Werte) und Rubrik 3 (Natürliche Ressourcen und Umwelt) zugeordnet sind. Dies wird mit der Hoffnung verknüpft, dass in den Mitgliedstaaten Synergien einfacher realisiert werden können und Reformen und Investitionen als Ganzes konzipiert werden.

Die Pläne sollen in enger Zusammenarbeit der Mitgliedstaaten, der Regionen, Gemeinschaften vor Ort und anderen einschlägigen Interessenträgern konzipiert und später umgesetzt werden. Die NRPs müssen die Prioritäten der Agenda der EU berücksichtigen und benötigen die Genehmigung der Kommission. Durch die NRPs soll sichergestellt werden, dass die Stringenz der Förderung in den Mitgliedstaaten verbessert wird und eine Verzahnung mit den Plänen, welche in dem Europäischen Semester verabredet werden, stattfinden kann.

7.3 Erhöhung der Ausgaben für die Förderung der Wettbewerbsfähigkeit

Die Schaffung eines Fonds für Wettbewerbsfähigkeit stellt darauf ab, Europas Wirtschaftskraft nachhaltig zu stärken. Um Investitionen in strategisch relevante Technologien, in Forschung und Innovation zu tätigen, wird der Zugang zu Mitteln für die Unternehmen deutlich erleichtert. Die veranschlagte Summe in Höhe von 409 Mrd. € übertrifft ganz erheblich die für solche Zwecke im Mehrjährigen Finanzrahmen 2021–2027 bereitgestellten Ressourcen.

Entsprechend den im Report von Draghi (2024) formulierten Zielvorstellungen soll die Entwicklung und der Einsatz von als strategisch erkannten Technologien beschleunigt (vgl. Europäische Kommission 2025a, S. 11) und Projekte mit europäischem Mehrwert und Wachstumspotenzial gefördert werden. Ein Fokus liegt auf Investitionen im Bereich Digitaler Wandel; darüber hinaus bleibt die Grüne Transformation (Energiewende und Dekarbonisierung) weiterhin ein Schwerpunkt der Politik der Europäischen Union.

Aus dem Fonds sollen deutlich aufgestockte Mittel für den Bereich Verteidigung, Sicherheit und Weltraum zur Verfügung gestellt werden. Gemeinsame Initiativen, z. B. im Bereich der Munitionsproduktion oder der Beschaffung von Verteidigungsgütern (vgl. Europäische Kommission 2025a S. 12) sind geplant.

7.4 Europa in der Welt

Die Finanzierung des auswärtigen Handelns der Europäischen Union soll „optimiert, konsolidiert und gestrafft" (Europäische Kommission 2025a, S. 18) werden. Mit 200 Mrd. € beläuft sich das Instrument „Europa in der Welt" auf einen Anteil von 10 % am Gesamtbudget. Für Regionen (Europa; Naher Osten, Nordafrika und die Golfstaaten; Sub-Sahara Afrika; Asien und Pazifikstaaten; Amerikanische Staaten und die Karibik) werden Richtbeträge mit der Möglichkeit bereitgestellt, Mittel zwischen den Finanzausstattungen umschichten zu können. Eine neue europäische Außenwirtschaftspolitik soll konzipiert werden, welche an den internen Prioritäten der Union orientiert ist.

7.5 Europäische Verwaltung

Der Vorschlag der Europäischen Kommission sieht eine Erhöhung der Personalstärke vor und verweist dabei auf den Personalabbau in der Zeit von 2013–2017 und der damit entstandenen Kapazitätslücke. Aufgrund der gestiegenen Aufgaben wie Sicherheit und Verteidigung wird eine schrittweise Umsetzung der Personalaufstockung in den ersten drei Jahren des nächsten langfristigen Haushalts angestrebt (vgl. Europäische Kommission 2025a, S. 24–25).

7.6 Einordnung des Vorschlags für den Mehrjährigen Finanzrahmen 2028–2034

7.6.1 Die Erhöhung der Gesamtausgaben und strukturelle Verschiebungen im Haushalt

Der Entwurf der Kommission sieht sowohl eine Ausweitung als auch eine deutliche Reallokation der Ausgaben vor: hin zu mehr Mittel für die Stärkung der Wettbewerbsfähigkeit, mehr Engagement im Bereich Verteidigung und einem geringeren Fokus auf die traditionellen Förderbereiche.

Die folgende → Tab. 4 zeigt die geplanten Ausgaben (in Mrd. €) und deren Anteil am Bruttonationaleinkommen im Zeitraum 2028–2034. Im Mehrjährigen Finanzrahmen 2021–2027 liegt diese Quote bei insgesamt 1,02 %.

Jahr	2028	2029	2030	2031	2032	2033	2034	Summe
jew. Preise	269,5	282,9	283,1	290,4	294,1	285,4	279,7	1.984,9
Preise von 2025	253,9	261,3	256,4	257,8	256,0	243,5	234,0	1.763,0
in % des BNE	1,31	1,33	1,29	1,29	1,27	1,19	1,13	1,26

Tab. 4: Mittelbindung im MFR 2028 bis 2034 | Quelle: Europäische Kommission 2025a

Bei der Begründung des geforderten Wachstums spielt die Bedienung der Schulden in Folge des NGEU-Programms im Zeitraum des kommenden MFR eine wichtige Rolle; durch die Rückzahlung von Darlehen wird der Spielraum für neue politische Prioritäten ohne Einführung neuer Eigenmittel eingeengt.

Die Erhöhung der Ausgaben für Verteidigung und Sicherheitspolitik wird vor dem Hintergrund der disruptiven geopolitischen Veränderungen, dem russischen Angriffskrieg in der Ukraine und der neuen Politik der USA gegenüber westeuropäischen Interessen als notwendig angesehen. Allerdings erfordert die Ausweitung der Finanzvolumina überzeugende Konzepte für die Nutzung der zusätzlichen Ressourcen. In der Vergangenheit wurden immer dann, wenn konkrete Vorschläge für eine Integration in militärischen Angelegenheiten unterbreitet wurden, nationale Streitkräfte zusammenwachsen sollten oder Pläne für eine europäische Armee angedacht wurden, Widerstände in Europa deutlich.

Der Vorschlag der Kommission sieht vor, dass Ausgaben für die Bereiche Agrarpolitik, Kohäsionspolitik deutlich abgesenkt werden. Wegen der unklaren Zuordnung von Zahlungen zu den alten und neuen Rubriken gibt es unterschiedliche Berechnungen. Busch/Kauder/Sultan (2025, S. 7) sprechen von einer Rückführung von 62 % im MFR 2020–2027 auf 38 % im neuen MFR. Hansum/Lindner/Redeker u. a. (2025, S. 5) ermitteln einen Rückgang auf 44 %. Die vorgeschlagene Absenkung bedeutet einen signifikanten Veränderungsprozess. Aus Sicht jener, die eine Stärkung anderer Bereiche favorisieren, ist diese Entwicklung dringend geboten. Die Vertreter des Status quo oder einer deutlich moderateren Anpassung verweisen auf die klassischen Argumente: Ernährungssicherheit, Strukturwandel in der Landwirtschaft, Umwelt- und Klimaschutz, Ausgleich regionaler Disparitäten und wirtschaftlichen Zusammenhalt. Während der Vorschlag der Kommission vorsieht, dass der relative Anteil der Bereiche Kohäsion und Agrarpolitik sinkt, soll die Allokation der diesbezüglichen Mittel, welche den Ländern zufließen, innerhalb der Union nur leicht verändert werden.

Die zusätzliche Bereitstellung von Mitteln für die Steigerung der Wettbewerbsfähigkeit ist positiv zu bewerten. Hinsichtlich der Ausgestaltung einer zukunftsorientierten Industriepolitik ist die EU gefordert, Konzepte vorzulegen, welche den in der Vergangenheit formulierten Einwänden gegen eine solche Politik Rechnung tragen. Der Bericht von Draghi (2024) gibt viele Hinweise auf Ziele und Arbeitsfelder, jedoch wenige Empfehlungen, wie konkret der Staat wettbewerbsfähige Industrien identifizieren soll, wie eine Förderung effizient gestaltet werden kann und welche Governance-Struktur zur erfolgreichen Umsetzung notwendig ist. Auch der Report von Letta (2024) gibt zahlreiche wichtige und weitreichende, aber allgemein gehaltene Empfehlungen.

Die mit der Einführung des Fonds für Wettbewerbsfähigkeit geplante Hinwendung zu industriepolitischen Maßnahmen setzt die Entwicklung von Strukturen voraus, welche die Nutzung der Potenziale erlauben und gleichzeitig sicherstellen, dass der bei industriepolitischen Maßnahmen inhärenten Gefahr der Überschätzung der Kompetenz staatlicher Instanzen vorgebeugt wird. Unternehmen, Branchen, Regionen und Mitgliedstaaten haben angesichts der Finanzierung durch EU-Mittel starke Anreize, Fördergelder zu erhalten, für die nur eine geringe Mitfinanzierung durch

Eigenmittel erforderlich ist (Common-Pool-Problem). Der Beweis, dass die EU hier eine leistungsfähige Governance-Struktur entwickelt, welche dem Lobby-Druck entgegensteht und sachlich gut begründete Entscheidungen trifft, steht noch aus. Die Wahrscheinlichkeit, dass dies gelingt, wird kontrovers beurteilt. Hinzu kommt, dass die internationalen Rückwirkungen dieser Hinwendung zu einer „Neuen Industriepolitik“ unklar sind.

7.6.2 Polit-ökonomische Aspekte der Ausgabenpolitik

Die Präsentation von Inhalt und Form des Kommissionsvorschlags für den MFR 2028–2034 erschließt sich aus einer polit-ökonomischen Perspektive: Wenn Sektoren schon über viele Jahre gefördert wurden und eine Vielzahl von Organisationen speziell auf die „Förderkulisse“ ausgerichtet sind, dann führt die Absenkung von Fördermitteln zu erheblichen Widerständen, die kraftvoll artikuliert werden. Die Schwierigkeiten, innerhalb der europäischen Governance-Struktur Prioritäten klar zu benennen, ist auf diese Widerstände zurückzuführen und bedingt die systemimmanente Trägheit und die Präferenz für eher kleine Veränderungsschritte. Vor diesem Hintergrund ist die Strategie der Europäischen Kommission einzuordnen, den Vorschlag für den Mehrjährigen Finanzrahmen 2028–2034 so vorzulegen, dass nur Gewinner genannt werden. Auch die Zusammenführung der Agrarpolitik und der Kohäsionspolitik und das Integrieren weiterer Förderbereiche in eine neue Säule ist dieser Logik geschuldet. Aus der Perspektive der Transparenz sind Änderungen ohne klares Aufzeigen der Konsequenzen für die traditionellen Förderrubriken eher kritisch zu bewerten. Ein offener und evidenzbasierter Diskurs über die geplanten Veränderungen, Prioritäten und Posterioritäten sollte angestrebt werden.

7.6.3 Zuordnung der verantwortlichen politischen Ebenen

Die in der Theorie des fiskalischen Föderalismus formulierten Fragen finden indirekt ihren Niederschlag in den Verordnungen und Ausführungsbestimmungen. Dort werden die Kompetenzen der europäischen Organe, der nationalen Ebene und der Regionen konkretisiert. Ob es zu einer Verlagerung der Kompetenzen auf untere Ebenen kommt, wie die Erläuterungen zu den NRPs suggerieren, oder die Kommission die Genehmigungskompetenz nutzt, um die Entscheidungen auf die höhere Ebene zu ziehen, hängt von der konkreten Umsetzung ab. Eine gestärkte Kommission, die sich als

„politische Kommission“ oder „geopolitische Kommission“ versteht, wird nicht einheitlich positiv beurteilt. Auch in den Regionen wird die Neugestaltung der Entscheidungsfindung und Steuerungskompetenz zugunsten der Kommission und der Mitgliedstaaten kritisch gesehen. Der Ausschuss der Regionen sieht die Gefahr der Zentralisierung und der Gefährdung der eingespielten Multi-Level-Governance (vgl. Europäischer Ausschuss der Regionen 2026). Die Sorge der Regionen bezieht sich nicht allein auf die Stärkung der europäischen Ebene, sondern auch auf die Stärkung der nationalstaatlichen zuungunsten der regionalen Ebene.

7.6.4 Die Ergebnisorientierung in der Ausgabenpolitik der EU

Die Präsentation des Mehrjährigen Finanzrahmens macht deutlich, dass die Kommission das Problem der mangelnden Orientierung an Wirkungen und Leistungen anerkennt und adressiert. Der neue Haushalt wird stärker ergebnisorientiert sein. Statt der bisherigen Verwendung von 5.000 Indikatoren sollen zukünftig 900 Output- und Ergebnisindikatoren verwendet werden (vgl. Europäische Kommission 2025a, S. 30). Auch die Verzahnung von Kohäsions- und Agrarpolitik kann als Versuch der Stärkung der Wirkung interpretiert werden. Dies gilt auch für die Verknüpfung vieler Förderlinien mit den Verabredungen im Europäischen Semester. In der Vergangenheit war die Umsetzung der länderspezifischen Empfehlungen, welche im Rahmen des Europäischen Semesters formuliert wurden, eher gering (vgl. Europäischer Rechnungshof 2025, S. 13).

Im Jahr 2025 schlug die Europäische Kommission eine Verordnung „zur Festlegung eines Ausgabenverfolgungs- und Leistungsrahmens für den Haushalt sowie anderer horizontaler Vorschriften für die Programme und Tätigkeit der Union“ vor (vgl. Europäische Kommission 2025c). In Reaktion auf die Evaluierung von EU-Programmen soll das Leistungsevaluierungssystem reformiert und erreicht werden, dass der Mitteleinsatz die EU-Politik stärker unterstützt. Auch aus der Wissenschaft gibt es wichtige Beiträge, die aufzeigen, wie eine Optimierung der Evaluation aussehen könnte (vgl. Asatryan/Birkholz/Heinemann 2025, S. 275–279).

7.6.5 Effizienz

Der Entwurf der Kommission erwartet von der Reduzierung der Zahl der Programme mit ihren jeweils eigenen Vorschriften einen deutlich geringeren Verwaltungsaufwand sowohl auf der Seite der Kommission als auch bei den Begünstigten der Fördermittel (vgl. Europäische Kommission 2025a, S. 28). Die Einführung von NRPs soll dazu dienen, durch eine verbesserte Abstimmung innerhalb der Mitgliedstaaten die Kohärenz der Programme und deren Wirkung zu steigern. Finanzvorschriften sollen vereinfacht werden, für die verschiedenen Säulen jeweils ein regulatorischer Rahmen gelten, durch Flexibilisierungselemente im Haushalt Anpassungen an veränderte Bedingungen schneller ermöglichen. Die angekündigten Reformen signalisieren die Bereitschaft der Europäischen Union, die Steigerung der Effizienz als große Herausforderung anzunehmen. Vor dem Hintergrund der in der Vergangenheit angekündigten Deregulierungs- und Entbürokratisierungsbemühungen bleibt abzuwarten, ob dieses Ziel erreicht wird.

7.6.6 Die Flexibilität des Haushalts

Mittelumschichtungen innerhalb der Rubiken sollen erleichtert werden. Ein Teil der nationalen Zuweisungen wird nicht vorab verplant, sondern als Reserve für Krisen und neue Prioritäten zurückgehalten. Bei schweren Krisen in Mitgliedstaaten können Darlehen vergeben werden. Für den Agrarsektor ist eine besondere Reserve vorgesehen, um Märkte zu stabilisieren. Ein neuer politischer Steuerungsmechanismus wird angekündigt, der „eine starke interinstitutionelle Governance bei der Zuweisung flexibler Mittel gewährleistet“ (Europäische Kommission 2025a, S. 27). Eine Herausforderung bleibt der transparente und rechenschaftsorientierte Umgang mit diesen Regelungen, die ein Gleichgewicht zwischen Berechenbarkeit und Anpassungsfähigkeit gewährleisten müssen (vgl. Europäischer Rechnungshof 2025, S. 11, Mendez/Bachtler/van der Valk u. a. 2026). Flexibilität darf jedoch nicht dazu beitragen, die Finanzierung zu zentralisieren oder langfristige Investitionen (Kohäsion) als kurzfristige Werkzeuge zur Bewältigung künftiger Krisen einzusetzen (vgl. Europäischer Ausschuss der Regionen 2026).

7.6.7 Position des EU-Parlaments zum Kommissionsentwurf des Mehrjährigen Finanzrahmens 2028–2034

Gegenüber dem Vorschlag der Europäischen Kommission hat sich das EU-Parlament für die Verhandlungen mit den Mitgliedstaaten auf eine Erhöhung des langfristigen EU-Haushalts um 10 % auf ein Volumen von 1,789 Billionen € (zu konstanten Preisen von 2025) bzw. 2,014 Billionen € (zu laufenden Preisen) der Mittel für Verpflichtungen festgelegt. Die Mittel für Zahlungen belaufen sich entsprechend auf 1,775 Billionen € (zu konstanten Preisen von 2025) bzw. 1,996 Billionen € (zu laufenden Preisen) (vgl. European Parliament 2026, S. 60–64). Die Mittelaustockung soll gleichmäßig auf die drei Rubriken zur Unterstützung der EU-Prioritäten (ohne die Rubrik Verwaltung) aufgeteilt werden und dazu beitragen, den Inflationsdruck zu mildern. Vorgesehen ist, dass der Schuldendienst für den NGEU-Aufbaufonds in Höhe von 168 Mrd. € (jeweilige Preise)/149, 3 Mrd. € (Preise von 2025) bzw. 0,11 % des BNE außerhalb der Obergrenzen des Mehrjährigen Finanzrahmens bleibt. Eine knappe Zusammenfassung der Verhandlungsposition des EU-Parlaments gegenüber dem Kommissionsvorschlag zum Mehrjährigen Finanzrahmen 2028-2034 lässt sich Abb. 8 entnehmen.

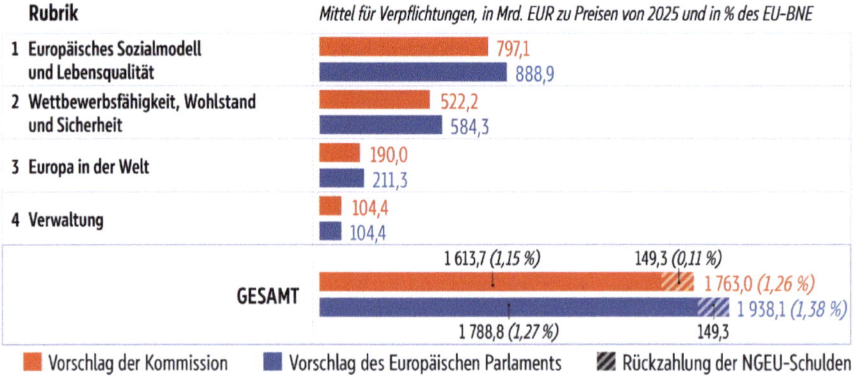

Abb. 8: Vergleich der Standpunkte der Europäischen Kommission und des EU-Parlaments zum Mehrjährigen Finanzrahmen 2028–2034 | Quelle: Kowald/Pari 2026

Literatur

Asatryan, Zareh/Birkolz, Carlo/Heinemann, Friedrich (2025): The system of EU cohesion policy evaluations, in: Asatryan, Zareh/Feld, Lars/Heinemann, Friedrich (2025) (Hrsg.): The Future of Cohesion Policy, S. 275–279, Mohr Siebeck, Tübingen

Busch, Berthold/Kauder, Björn/Sultan, Samina (2025): Europäische Union: Mehrjähriger Finanzrahmen 2028 bis 2034, IW-Report 47/2025, Köln

Draghi, Mario (2025): Die Zukunft der europäischen Wettbewerbsfähigkeit – Teil A – Eine Strategie für die Wettbewerbsfähigkeit Europas, September 2024, Luxemburg

Europäischer Ausschuss der Regionen (2026): Stellungnahme. Mehrjähriger Finanzrahmen (MFR) nach 2027 einschließlich Eigenmittelpaket, COTER-VIII/006, Brüssel

Europäische Kommission (2025a): Mitteilung der Kommission an das Europäische Parlament, den Europäischen Rat, den Rat, den Europäischen Wirtschafts- und Sozialausschuss und den Ausschuss der Regionen. Ein dynamischer EU-Haushalt für die Prioritäten der Zukunft – der Mehrjährige Finanzrahmen 2028–2034, COM(2025) 570 final

Europäische Kommission (2025b): EU-Haushalt. Ein ambitionierter Haushalt für ein stärkeres Europa 2028–2034, Luxemburg, Internet: https://data.europa.eu/doi/10.2761/8783339

Europäische Kommission (2025c): Vorschlag für eine Verordnung des Europäischen Parlamentes und des Rates zur Festlegung eines Ausgabenverfolgungs- und Leistungsrahmens für den Haushalt sowie anderer horizontaler Vorschriften für die Programme und Tätigkeit der Union, COM(2025) 545 final, Brüssel

European Parliament (2026): Interim report on the proposal for the multiannual financial framework for 2028-2034, P10_TA(2026)0111, Internet: https://www.europarl.europa.eu/doceo/document/TA-10-2026-0111_EN.pdf

Europäischer Rechnungshof (2025): Chancen für den Mehrjährigen Finanzrahmen nach 2027, Analyse 03/2025, Luxemburg

Hansum, Romy/Lindner, Johannes/Redeker, Nils/Rubio, Eulalia (2025): Reif für Reformen – Was im EU Haushaltsvorschlag steckt und was als Nächstes passieren soll, Policy Brief, Hertie School-Jacques Delors Centre, Berlin

Kowald, Karoline/Pari, Marianna (2026): EU-Haushalt 2028–2034: Standpunkt des Europäischen Parlaments, EPRS, Europäisches Parlament, PE 785.723

Letta, Enrico (2024): Much more than a market – Speed, Security, Solidarity. Empowering the Single Market to deliver a sustainable future and prosperity for all EU Citizens, Internet: https://www.consilium.europa.eu/media/ny3j24sm/much-more-than-a-market-report-by-enrico-letta.pdf

Mendez, Carlos/Bachtler, John/van der Valk, Odilia/McMaster, Irene (2026): Flexibility and Simplification in Cohesion Policy under the 2028-2034 MFF Proposals, European Parliament, PE 776.037

8 Die Finanzierung des EU-Haushaltes

8.1 Das System der Eigenmittel

Um die Ziele und Prioritäten der europäischen Union realisieren und die EU-Ausgaben tätigen zu können, bedarf es der dazu erforderlichen Finanzausstattung. Nach Art. 311 Vertrag über die Arbeitsweise der Europäischen Union (AEUV) wird der Haushalt unbeschadet der sonstigen Einnahmen vollständig aus Eigenmitteln finanziert. Gemäß einem speziellen Gesetzgebungsverfahren erlässt zunächst der Rat der Europäischen Union einstimmig einen Beschluss über die Eigenmittel der EU, nachdem das Europäische Parlament dazu angehört worden ist. Danach müssen die nationalen Parlamente aller Mitgliedstaaten den Eigenmittelbeschluss entsprechend ihren jeweiligen verfassungsrechtlichen Vorschriften ratifizieren. In diesem Eigenmittelbeschluss werden die verschiedenen Kategorien von Eigenmitteln, die spezifischen Methoden zu deren Berechnung und vorgesehene Korrekturmechanismen festgelegt. Insbesondere enthält der Beschluss die Eigenmittelobergrenze der Mittel für Zahlungen und der Mittel für Verpflichtungen, die der Beschränkung der Finanzierungslasten für die Mitgliedsländer dient und damit Planungssicherheit für die nationalen Haushalte gewährleistet.

Eigenmittel stellen daher keine Finanzmittel dar, die sich die EU aus „eigener Macht" (BVerfG) verschaffen kann (vgl. Steinbach 2023); es handelt sich um Einnahmen, die der Union unwiderruflich zustehen, um ihren Haushalt zu finanzieren, und ihr automatisch zufließen, ohne dass eine nachfolgende Entscheidung einzelstaatlicher Behörden erforderlich ist. Die ursprüngliche Entscheidung zur Zuweisung einer bestimmten Einnahmequelle bleibt in nationaler Kompetenz, was durch die Einstimmigkeitserfordernisse im Rahmen des Entscheidungsprozesses für Eigenmittel zum Ausdruck kommt. Erst nach der Zustimmung aller Mitgliedstaaten tritt der Beschluss über die Eigenmittel in Kraft und erst dann gehört die festgelegte Einnahmequelle der EU (vgl. High Level Group on Own Resources 2016, S. 20).

Entsprechend dem Grundsatz des Haushaltsausgleichs ist sicherzustellen, dass die jährlichen Ausgaben vollständig durch die jährlichen Einnahmen gedeckt werden (Art. 310 AEUV). Dafür sorgt maßgeblich das System der Eigenmittel, das aktuell aus vier Kategorien von Eigenmitteln besteht:

Bei den Traditionellen Eigenmitteln handelt es sich im Wesentlichen um die EU-weit einheitlichen Zölle auf Importe in den Binnenmarkt, die mit der Bildung der Zollunion im Jahr 1968 gemeinschaftsrechtlich begründet sind. Als originäre Einnahmen der EU stehen sie bis zu einem gewissen Grad für eine „fiskalische Unabhängigkeit" der Union. Als Erhebungskostenpauschale für die Einziehung dieser Mittel zugunsten der EU steht den Mitgliedsländern ein Anteil von 25 % des Aufkommens zu.

Die MwSt-Eigenmittel stellen Zahlungen dar, die aus dem jeweiligen MwSt-Aufkommen der Mitgliedsländer an die Union geleistet werden. Sie beruhen auf einem für alle Mitgliedstaaten einheitlichen Abrufsatz (α) in Höhe von 0,3 %, der auf eine seit 2021 administrativ vereinfacht zu ermittelnde MwSt-Bemessungsgrundlage (B_{MwSt}) jedes Mitgliedstaates angewandt wird. Diese Bemessungsgrundlage ergibt sich aus der Division des nationalen MwSt-Aufkommens durch den gewichteten Durchschnitt der MwSt-Sätze des festen Bezugsjahres 2016 im jeweiligen Mitgliedsland (vgl. Europäische Kommission 2024, S. 4). Um eine überproportionale Belastung einkommensschwächerer Mitgliedstaaten infolge der Regressivwirkung der MwSt zu verhindern (→ Abb. 9), existiert eine Kappungsgrenze, die auf 50 % des Bruttonationaleinkommens jedes Mitgliedstaates festgelegt ist.

Die Eigenmittel basierend auf nicht recycelten Verpackungsabfällen aus Kunststoff stellen Einnahmen dar, mit denen Anreize zur Verringerung des Verbrauchs von Einwegkunststoffen und zur Förderung des Recyclings gesetzt werden. Der einheitliche Abrufsatz auf das Gewicht der nicht-recycelten Plastik-Verpackungsabfälle beläuft sich auf 0,80 € pro Kilogramm. Mitgliedstaaten mit einem Pro-Kopf-Einkommen unterhalb Unionsdurchschnitt im Jahr 2017 haben Anspruch auf eine jährliche Pauschalermäßigung, die einem Betrag von 3,8 kg Kunststoffabfall pro Kopf multipliziert mit der Bevölkerungszahl 2017 entsprechen sollte.

Die Bruttonationaleinkommen (BNE)-Eigenmittel als die wichtigste Einnahmenquelle der EU werden durch Anwendung eines im Zuge des Haushaltsverfahrens zu ermittelnden einheitlichen Prozentsatzes auf das BNE jedes Mitgliedslandes bestimmt. Sie dienen dazu, die Finanzierung der EU-Ausgaben zu übernehmen, nachdem alle anderen Einnahmen berücksichtigt wurden. Dies gewährleistet, dass der EU-Haushalt stets ausgeglichen ist. Für den Zeitraum 2021–2027 erhalten einige Länder (Österreich, Dänemark, Deutschland, Niederlande und Schweden) eine Bruttoermäßigung ihrer BNE-Beiträge, die von allen Mitgliedstaaten aufzubringen ist.

Die Kappungsgrenze erklärt sich aus der Regressivwirkung der MwSt. Bei Zugrundelegung einer linearen Konsumfunktion in Abhängigkeit vom Einkommen ($C = C^a + c\,Y$, mit C^a = autonomer Konsum, c = marginale Konsumquote) ergibt sich als durchschnittliche Konsumquote $C/Y = C^a/Y + c$. Die Ableitung dieser Funktion nach Y zeigt, dass die Konsumquote C/Y mit höherem Einkommen sinkt: $d(C/Y)/dY = - C^a/Y^2$. Daher müssten weniger wohlhabende Mitgliedstaaten, in denen der Verbrauch und entsprechend die MwSt einen vergleichsweise höheren Anteil am Nationaleinkommen aufweisen, einen überproportionalen Finanzierungsbeitrag abführen, der nicht ihrem Leistungsvermögen entspricht.

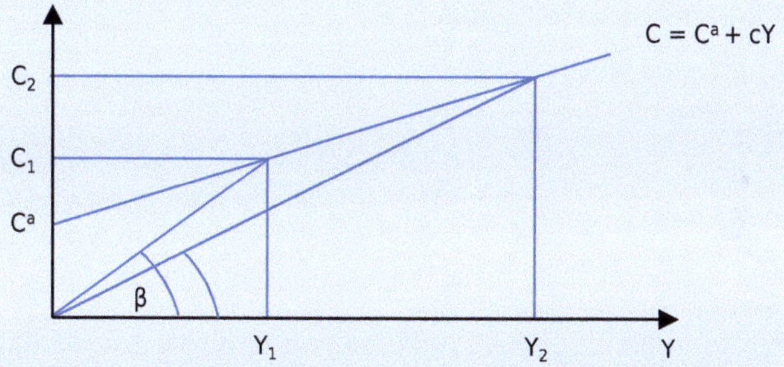

Graphisch zeigt sich das Fallen der durchschnittlichen Konsumquote anhand des Winkels tan β, der mit steigendem Einkommen kleiner wird: $C_2/Y_2 < C_1/Y_1$.
Bei vergleichbarer Besteuerung des Konsums in den Mitgliedstaaten folgt dann: $T(C_2)/Y_2 < T(C_1)/Y_1$.

Für die Funktion der MwSt-Eigenmittel der EU gilt: $EU_{MwSt} = \alpha\ [\min (B_{MwSt}, 0{,}5\ BNE)]$

Abb. 9: Regressivwirkung der MwSt | Quelle: eigene Darstellung

Schließlich werden die Ausgaben der EU zu einem geringeren Teil über die sonstigen Einnahmen außerhalb des Eigenmittelsystems finanziert. Dazu gehören Steuern und andere Abzüge von den Gehältern des EU-Personals, Verzugszinsen, Saldo aus dem vorangegangenen Haushaltsjahr, Beiträge von Drittländern zu bestimmten EU-Programmen, Bußgelder wegen Verstößen gegen das EU-Wettbewerbsrecht und in besonderen Fällen Mittel aus Kreditaufnahmen.

In → Tab. 5 sind die (geschätzten) Einnahmen der EU für das Jahr 2026 ausgewiesen (ABl. L vom 26.2.2026, S. 44).

Einnahmen	in EUR	in %
1. Eigenmittel	186.843.994.242	98,2
Traditionelle Eigenmittel	21.368.300.000	11,2
Mehrwertsteuer-Eigenmittel	24.757.441.950	13,0
Kunststoff-Eigenmittel	6.826.530.720	3,6
Bruttonationaleinkommen-Eigenmittel	133.891.721.572	70,4
2. Sonstige Einnahmen	3.474.105.932	1,8
insgesamt	190.318.100.174	100

Tab. 5: Projektion der EU-Einnahmen 2026 | Quelle: ELI: http://data.europa.eu/eli/budget/2026/72/oj

Von den Einnahmen insgesamt in Höhe von 190,3 Mrd. € werden 98,2 % über das System der Eigenmittel aufgebracht. Mit einem Anteil von 70,4 % zeigt sich die überragende Bedeutung der BNE-Eigenmittel für die Finanzierung des EU-Haushalts, gefolgt von den MwSt-Eigenmitteln (13,0 %), den Traditionellen Eigenmitteln (11,2 %) und den Kunststoff-Eigenmitteln (3,6 %).

Im Jahr 2026 beträgt der Anteil der Eigenmittel am BNE dann 0,97 % (186.843.994.242 €/19.277.897.800.000 €). Damit wird die im Eigenmittelbeschluss niedergelegte (dauerhafte) EU-Eigenmittelobergrenze der jährlichen Mittel für Zahlungen in Höhe von 1,40 % der Summe der Bruttonationaleinkommen aller Mitgliedsländer eingehalten.

Die ausnahmsweise und vorübergehende Anhebung dieser Eigenmittelobergrenze um 0,6 Prozentpunkte auf 2 % des EU-Bruttonationaleinkommens wurde vorgenommen, um die über Anleihen der EU am Kapitalmarkt erfolgte Finanzierung des Aufbaufonds NextGenerationEU (NGEU) zur Krisenbewältigung infolge der COVID-19-Pandemie abzusichern. Das Programm hat ein Volumen von bis zu 750 Mrd. € (zu Preisen von 2018); davon werden Mittel für Zuschüsse (390 Mrd. €) und für Darlehen (360 Mrd. €) an die Mitgliedsländer zur Verfügung gestellt. Für die Schuldentilgung wurde im Rahmen einer interinstitutionellen Vereinbarung zwischen Europäischem Parlament, dem Rat der Europäischen Union und der Europäischen Kommission ein Fahrplan zur Einführung neuer Eigenmittel im Zeitraum 2021–2027 festgelegt. Der von der Europäischen Kommission (2021) vorgelegte Vorschlag für eine neue Generation von Eigenmitteln beinhaltete, 25 % der Einnahmen aus dem Emissionshandel, 75 % der Einnahmen aus einem CO_2-Grenzausgleichssystem und 15 % des Anteils der Residualgewinne der weltweit größten multinationalen Unternehmen, die den EU-Mitgliedsländern aus der Neuverteilung der Besteuerungsrechte im Zuge der Reform der internationalen Unternehmensbesteuerung zugewiesen werden, dem EU-Haushalt zuzuführen. Im Jahr 2023 wurde dieser Vorschlag um befristete Eigenmittel auf der Grundlage von Statistiken zu Unternehmensgewinnen angepasst (vgl. Europäische Kommission 2023), die im Zusammenhang mit der Initiative „Business in Europe: Framework for Income Taxation" (BEFIT) ersetzt werden sollen. Der Abrufsatz für die Einnahmen aus dem Emissionshandel soll aufgrund steigender CO_2-Preise auf 30 % erhöht werden. Infolge unterschiedlicher Bewertungen dieser Vorschläge ist es allerdings zu keiner Einigung der EU-Mitgliedstaaten im Rat gekommen (vgl. Council of the European Union 2025, S. 10).

Box 2 | Kurzcharakterisierung der vorgeschlagenen neuen Eigenmittel

Einnahmen aus dem Emissionshandel: Ziel des EU-Emissionshandels ist es, den Ausstoß klimaschädlicher Treibhausgase in Europa zu vermindern. Unternehmen müssen Zertifikate für die Emission von CO_2 erwerben. Die EU bestimmt die Gesamtmenge an Zertifikaten, die für einen bestimmten Zeitraum verfügbar sind. Die Zertifikate werden marktwirtschaftlich gehandelt (cap and trade). Die Reduktion der festgelegten Menge an Emissionsberechtigungen führt dazu, dass klimaschädliches Produzieren immer teurer wird und Anreize gesetzt werden, umweltschonend zu wirtschaften. Der Emissionshandel umfasst die Treibhausgasemissionen aus Energie- und energieintensiven Industrieanlagen, des innereuropäischen Luftverkehrs sowie des Seeverkehrs. Geplant ist, den EU-Emissionshandel auf die Sektoren Gebäude und Verkehr auszuweiten. Die Einnahmen aus dem EU-Emissionshandelssystem stehen für Klimaschutzprogramme und soziale Ausgleichsmaßnahmen zur Verfügung (vgl. Busch/Kauder/Sultan 2025, S. 12–13).
Einnahmen aus dem CO_2-Grenzausgleichssystem: Mit der Einführung eines CO_2-Grenzausgleichssystem soll der Verlagerung von Treibhausgasemissionen (Carbon Leakage) aufgrund unterschiedlich ambitionierter Umweltstandards zwischen verschiedenen Staaten begegnet werden. Der Preis für emissionsintensive Güter, die aus einem Land außerhalb

der EU ohne vergleichbare CO_2-Bepreisung importiert werden, wird so angepasst, als ob diese Güter in der EU hergestellt worden wären. Erwartet wird, dass dadurch auch in Drittländern umweltfreundlichere Produktionsmethoden zum Zuge kommen. Ziel ist die Stärkung des Klimaschutzes und die Verhinderung von Wettbewerbsnachteilen der heimischen Industrie (vgl. Morgado Simões 2023).
Einnahmen aus dem Anteil der Residualgewinne: Es geht darum, den „Marktstaaten", in denen multinationale Unternehmen ihre Produkte und Leistungen vertreiben, auch unabhängig von ihrer physischen Präsenz das Recht einzuräumen, einen Anteil am sog. Residualgewinn dieser Unternehmen zu besteuern. Der Residualgewinn bestimmt sich als der Teil des Gewinns, der 10 % des globalen Umsatzes dieser Unternehmen übersteigt. Ein Viertel dieses Residualgewinns soll den Marktstaaten auf der Basis der dort erzielten Umsätze zur Besteuerung zugewiesen werden, an denen die EU dann anteilig partizipiert (vgl. Wissenschaftlicher Beirat beim Bundesministerium der Finanzen 2022, Gstrein/Herold/Neumeier 2023).
Einnahmen auf der Grundlage von Statistiken zu Unternehmensgewinnen: Diese Eigenmittel basieren auf einer für alle Mitgliedstaaten ermittelten Gewinnkennziffer, die unabhängig von nationaler Steuergesetzgebung ist. Bemessungsgrundlage ist der Bruttobetriebsüberschuss, der sich als Bruttoproduktionswert abzüglich Kosten für Zwischenprodukte und Arbeitnehmerentgelte (Eurostat) für die Sektoren der finanziellen und nichtfinanziellen Kapitalgesellschaften ergibt. Die nationalen Beiträge berechnen sich durch Anwendung eines Abrufsatzes in Höhe von 0,5 % auf diese Bemessungsgrundlage (vgl. Europäische Kommission 2023, S. 4–5).

8.2 Schritte zur Finanzverfassung der EU

Das Einnahmensystem der EU hat sich allmählich entwickelt. Institutionelle Reformen und veränderte Rahmenbedingungen haben zum Entstehen des heutigen Systems der Eigenmittel beigetragen (vgl. z. B. Benedetto 2024, Becker 2022). In → Abb. 10 wird der Prozess überblicksartig skizziert (vgl. Kowald/Mazur/Pari u. a. 2025, S. 41).

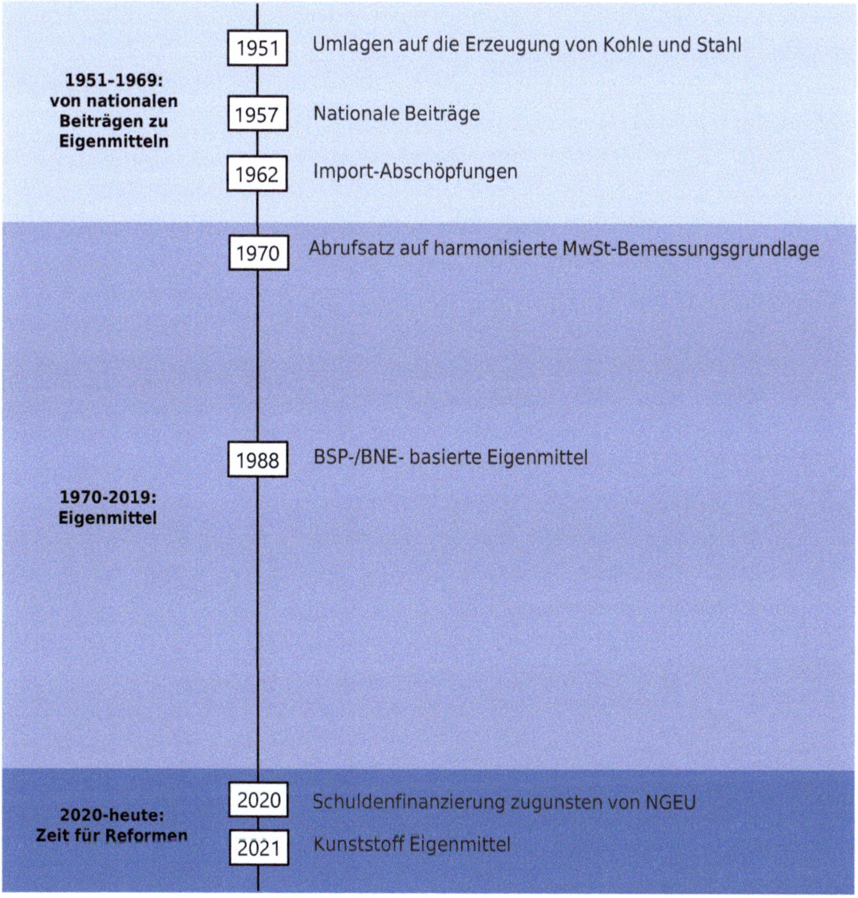

Abb. 10: Entwicklung des EU-Eigenmittelsystems | Quelle: EPRS

In den 50er-Jahren erfolgte die Finanzierung der Europäischen Gemeinschaft für Kohle und Stahl (EGKS) überwiegend durch Erhebung von Umlagen auf die Erzeugung von Kohle und Stahl. Die Hohe Behörde war berechtigt, Anleihen zu begeben, deren Mittel nur zur Gewährung von Krediten verwandt werden durften (Art. 49 Vertrag über die Gründung der Europäischen Gemeinschaft für Kohle und Stahl).

Durch die Römischen Verträge (1957) wurden die Europäische Wirtschaftsgemeinschaft (EWG) und die Europäische Atomgemeinschaft (EURATOM) geschaffen, deren Haushalte im Zeitraum 1957–1969 über nationale Beiträge der Mitgliedstaaten finanziert wurden. Mit der Einführung der Gemeinsamen Agrarpolitik (1962) wurden zum Schutz der heimischen Landwirtschaft und der Stabilisierung des gemeinsamen Marktes Importabschöpfungen auf Agrarerzeugnisse aus Drittstaaten erhoben.

Mit dem ersten Eigenmittelbeschluss (1970) wurde das heutige System der Eigenmittel begründet. Neben den Traditionellen Eigenmitteln (Zölle, Agrarabschöpfungen und Zuckerabgaben), die mit den Politiken der Gemeinschaft eng verbunden waren, wurden die mehrwertsteuerbasierten Eigenmittel eingeführt, deren Umsetzung bis zur Harmonisierung der Mehrwertsteuersysteme in den Mitgliedstaaten im Jahr 1979 allerdings abgewartet werden musste. Im Jahr 1985 wurde ein Korrekturmechanismus zugunsten des Vereinigten Königreichs beschlossen. Dieser „Britenrabatt" wurde damit begründet, dass überproportionale Beträge an die Gemeinschaft bei Zöllen (Commonwealth-Importe) und der Mehrwertsteuer (hohe Konsumquote) erbracht werden, während nur unterproportionale Rückflüsse (kleiner landwirtschaftlicher Sektor) aus dem damals noch dominanten Agrarhaushalt der Union auftraten.

Im Jahr 1988 wurde eine neue Eigenmittelkategorie etabliert, die zunächst auf dem Bruttosozialprodukt (BSP) und ab 2000 auf dem Bruttonationaleinkommen (BNE) beruhte. Die Erweiterung des Eigenmittelsystems war erforderlich geworden, weil die Traditionellen Eigenmittel und die MwSt-Eigenmittel nicht mehr reichten, die EU-Ausgaben zu decken. Reformen betrafen auch die Eigenmittelobergrenze, die als Anteil des EU-BSP bzw. später des EU-BNE festgesetzt wurde, und die MwSt-Eigenmittel mit der Festlegung einer Kappungsgrenze.

Im Jahr 2020 wurde das europäische Aufbauprogramm NGEU eingerichtet, das erstmals in der Geschichte der Union kreditfinanzierte Transfers gemäß einem festen Verteilungsschlüssel direkt an die Mitgliedsstaaten auszahlt. Die Rückzahlung der aufgenommenen Mittel findet im Zeitraum 2028 bis 2058 statt.

Die seit dem 1. Januar 2021 eingeführten Kunststoff-Eigenmittel („Plastik-Steuer") ergänzt das System der Eigenmittel im Zeitraum 2021–2027. Die Ausgestaltung dieser Maßnahme auf nationaler Ebene obliegt den Mitgliedsländern, die der finanziellen Verpflichtung entweder über den Staatshaushalt nachkommen können oder über eine nationale Abgabe auf nicht-recycelten Kunststoff, die von den Herstellern und Vertreibern erhoben wird.

Die ⟶ Abb. 11 enthält die Entwicklung der EU-Einnahmen im Zeitraum 1988–2025.

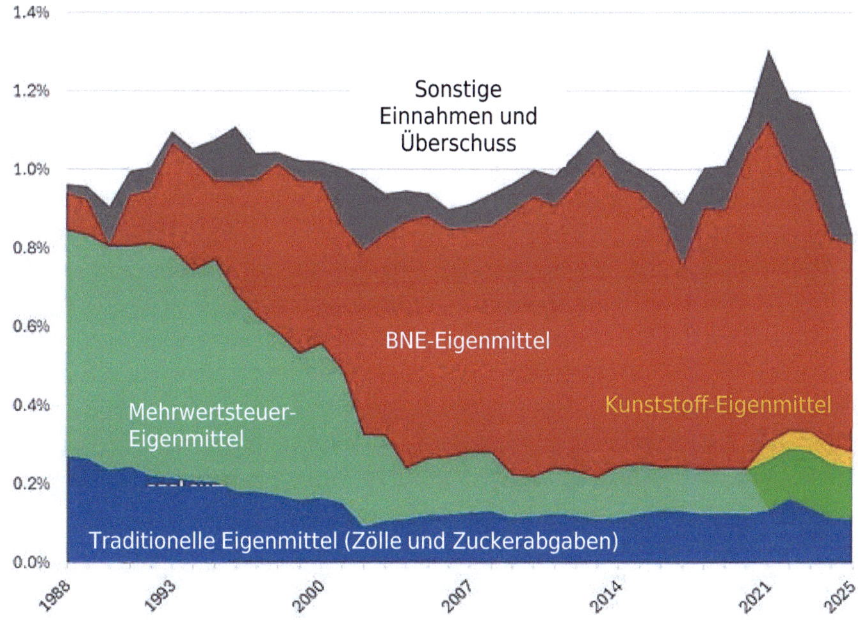

Abb. 11: Entwicklung der EU-Einnahmen 1988–2025 (in v. H. des Bruttonationaleinkommens der EU) | Quelle: European Commission 2025a, S. 32

Während die Traditionellen Eigenmittel nicht zuletzt infolge der zurückliegenden Handelsliberalisierung ihre ursprüngliche Bedeutung eingebüßt haben, zeigt sich bei relativer Stabilität der MwSt-Eigenmittel (seit den 2000er-Jahren) das wachsende Gewicht der BNE-Einnahmen, um den steigenden Finanzbedarf der Union zu decken.

8.3 Einschätzung des Einnahmensystems der EU

Mit den BNE-Eigenmitteln als dem Hauptinstrument zur Finanzierung der EU steht eine Ressource zur Verfügung, die Stabilität und Ergiebigkeit der Einnahmen der EU gewährleisten kann. Durch Anwendung des einheitlichen Prozentsatzes auf die gemäß Volkswirtschaftlicher Gesamtrechnung europaweit standardisierte Bemessungsgrundlage des Bruttonationaleinkommens ist eine transparente und nachvollziehbare Finanzierung des Unionshaushalts gegeben. Der BNE-Bezug stellt zudem sicher, dass sich die Finanzierungslasten der EU an der ökonomischen Leistungsfähigkeit der Mitgliedsländer ausrichten: Finanzierungsanteile und BNE-Anteile der Mitgliedsländer verhalten sich weitgehend proportional. Ein weiterer Vorteil der BNE-Eigenmittel besteht schließlich darin, dass keine EU-weite Vorgabe erfolgt, wie diese Mittel zu mobilisieren sind, und es den Mitgliedstaaten überlassen bleibt, welche nationalen Einnahmen zur Zahlung der Finanzbeiträge eingesetzt werden (vgl. Wissenschaftlicher Beirat beim Bundesministerium der Finanzen 2016).

Daher ist ein Plädoyer verständlich, den europäischen Haushalt stärker auf eine BNE-Finanzierung auszurichten. Allerdings nähme die sichtbare Abhängigkeit des EU-Haushalts von den nationalen Haushalten zu, was insbesondere bei zukünftig steigendem Finanzbedarf und einer angespannten Haushaltssituation der Mitgliedstaaten die politische Auseinandersetzung um den EU-Haushalt verschärfen kann. Das Juste-retour-Denken mit der Frage nach der Nettoposition der Mitgliedsländer gegenüber der EU würde verstärkt. Im Übrigen widerspräche es dem Selbstverständnis der EU, als ein Club wahrgenommen zu werden, der sich aus Mitgliedsbeiträgen finanziert.

Stattdessen sollten die politischen Prioritäten der EU auch auf der Einnahmenseite des EU-Haushalts zum Ausdruck kommen und neue Eigenmittel berücksichtigt werden, die in direktem Zusammenhang mit den Zuständigkeiten, Zielen und Aufgabenschwerpunkten der EU stehen (vgl. European Commission 2025b). Damit einhergehend könnte eine höhere Präsenz der Union für die Bürger verbunden sein.

Daher haben nicht zuletzt unterschiedliche Auffassungen über die Stellung der Union als Staatenbund souveräner Staaten oder als Bundesstaat mit eigener Souveränität der supranationalen Ebene Rückwirkungen auf die Gestaltung des europäischen Einnahmensystems (vgl. Fuest/Pisani-Ferry 2020, S. 5). Während die Mitgliedstaaten eine Finanzierung der EU über nationale Beiträge präferieren, um die politische und finanzielle Kontrolle über den Haushalt der EU in ihren Händen zu behalten, strebt die EU nach einer stärkeren finanziellen Unabhängigkeit von den Mitgliedsländern. Eine eigenständigere Einnahmenerhebung würde die Handlungsfreiheit der EU erhöhen und trüge dazu bei, die fiskalische Integration zu fördern.

8.4 Diversifizierung der Einnahmequellen

In der Diskussion über die Fortentwicklung des Eigenmittelsystems sind im Laufe der Jahre diverse Einnahmealternativen vorgeschlagen worden, die anknüpfend an die persönliche Einkommensteuer und die Körperschaftsteuer über sektorale Abgaben bis zur Besteuerung von Finanztransaktionen reichen (vgl. z. B. High Level Group on Own Resources 2016, Schratzenstaller/Nerudová/Solilová u. a. 2022, European Parliament 2023); eine entsprechende Auswahl an Finanzierungsalternativen ist in der folgenden → Tab. 6 wiedergegeben.

Unternehmen und Handel	Finanzsektor und digitale Wirtschaft	Klima und Umwelt	auf Statistiken basierende nationale Beiträge	Vermögen und Sonstige
Aufteilung der Körperschaftsteuer nach den BEFIT-Regeln	Verbrauchsteuer auf Aktienrückkäufe	Agrarökologische Steuern	Eigenmittel auf Grundlage eines geschlechtsspezifischen Lohngefälles	Vermögen (ultra) hochvermögender Personen
EU ‚fairer Grenzmechanismus' gegen ‚Sozialdumping'	Steuern auf Kryptowährungsaktivitäten	Besteuerung der Luftfahrt	Eigenmittel aus anderen Abfallarten als Kunststoffabfall	Persönliche Einkommensteuer – Wegzugsbesteuerung für EU-Bürger, die ins Ausland ziehen
Breite Grenzausgleichssteuer auf unterbesteuerte Gewinne	Digitale Abgabe/Steuer auf Datenverkehr	Stromsteuer	Eigenmittel auf Grundlage von Bio-Abfällen, gefährlichen Abfällen, Lebensmittelabfällen	Auswanderungssteuern auf Vermögen und/oder Erbschaften
	Mehrwertsteuer auf Finanzdienstleistungen	EU-Steuer auf Kraftstoffe im Straßenverkehr (Aufschlag)	andere Eigenmittel im sozialen/ökologischen Bereich	(Zusatz-)Steuer auf Glücksspiel und/oder Tabak

Tab. 6: Finanzierungsalternativen des EU-Haushalts | Quelle: Thöne 2024, S. 3

Am weitestgehenden ist der Plan, der EU eine eigene Steuer mit Gestaltungs- und Ertragshoheit zu übertragen, die direkt von den Bürgern bzw. Unternehmen erhoben wird. Dies würde die Abhängigkeit des EU-Haushalts von den nationalen Haushalten vermindern. Im geltenden Rechtsrahmen ist allerdings eine eigene Steuererhebungskompetenz der EU, die nicht mehr der Zustimmung aller Mitgliedstaaten bedarf, ausgeschlossen (vgl. Wissenschaftlicher Beirat beim Bundesministerium der Finanzen 2016, S. 13–15). Aus Sorge um den Verlust ihrer staatlichen Souveränität liegt die Steuerhoheit weitgehend in den Händen der Mitgliedsländer (vgl. High Level Group on Own Resources 2016, S. 20, European Commission 2025b).

Der Union zuzuweisende Eigenmittel sollten Einnahmequellen sein, die sich aus der Umsetzung einer gemeinsamen EU-Politik ergeben und direkt auf EU-Ebene generiert werden (vgl. Darvas/Dom/Lappe u. a. 2025, S. 55). Analog den Zöllen, die in einer Zollunion als genuine Eigenmittel der EU zustehen, sind Einnahmekategorien heranzuziehen, deren Bemessungsgrundlagen von Haus aus eher gesamteuropäischen Charakter aufweisen und von den Einzelstaaten nicht entsprechend umgesetzt werden können. So kommt den Einnahmen aus dem EU-Emissionshandel in Verbindung mit der Vermeidung von Carbon-Leakage eine besondere Bedeutung zu, um die CO_2-Gesamtemissionen in der EU kosteneffizient zu reduzieren und eine kohärente Klimapolitik zu realisieren. Hohe Priorität ist darüber hinaus Einnahmekategorien beizumessen, deren Bemessungsgrundlagen mobil sind und auf die fiskalisch nur zugegriffen werden kann, wenn die Mitgliedstaaten ihre Steuerpolitik koordinieren. Infolge abgestimmter Steuerpolitik stehen Steuern auf die Gewinne multinationaler Unternehmen, die durch Gewinnverlagerungen in Niedrigsteuerländer ansonsten der Besteuerung entzogen wären, der EU als Eigenmittel zu (vgl. Fuest/Pisani-Ferry 2020, S. 6).

Anhand des Rasters in → Tab. 7 lässt sich illustrieren, welche Möglichkeiten einer Finanzierung des EU-Haushalts prinzipiell zur Verfügung stehen (vgl. High Level Group on Own Resources 2016, S. 25–26). Die vertikale Achse zeigt in aufsteigender Ordnung die Stärke der Verknüpfung zwischen den verschiedenen Einnahmealternativen und den EU-Politiken an (Grad politischer Verknüpfung). Die Bandbreite umfasst die Kategorien „ohne Bezug zur EU-Politik", „durch gemeinsame EU-Strategien abgedeckt" und „direkt aus EU-Politiken/ausschließlicher EU-Kompetenz abgeleitet". Die horizontale Achse erfasst die verschiedenen Grade nationaler und supranationaler Entscheidungsfindung inclusive des rechtlichen Designs der fiskalischen Instrumente (Grad fiskalischer Integration). Je weiter man sich in nordöstlicher Richtung bewegt, umso eher ist die Finanzierungsalternative als genuine Einnahmequelle der Union zu bewerten.

Über die eingetragenen Einnahmearten des derzeit geltenden Eigenmittelsystems hinaus lassen sich die weiteren vorgeschlagenen und aktuell diskutierten Einnahmealternativen einordnen.

Grad politischer Verknüpfung	direkt aus EU-Politiken/ausschließl. EU-Kompetenz abgeleitet				Traditionelle Eigenmittel	Bußgelder wegen Verstößen gegen das EU-Wettbewerbsrecht
	durch gemeinsame Strategien abgedeckt		Kunststoff-Eigenmittel	MwSt-Eigenmittel		NGEU-Verschuldung
	ohne Bezug zur EU-Politik		BNE-Eigenmittel			
		Finanzbeiträge	nationaler Beitrag auf Grundlage des Eigenmittelbeschlusses	rechtlich verbindliche Einnahmeaufteilung	von den Mitgliedstaaten eingezogene EU-Zölle/Steuern/Abgaben	EU-Steuern/Einkommen, zentral erhoben und eingezogen
		Grad fiskalischer Integration				

Tab. 7: Raster der Finanzierungsalternativen des EU-Haushalts | Quelle: Ghiran-Merveille/Schwarcz 2026

8.5 Ein neues Eigenmittelsystem der EU

8.5.1 Vorschlag der Europäischen Kommission

Zusammen mit dem Entwurf des Mehrjährigen Finanzrahmens 2028 bis 2034 mit einem Volumen von 1.763 Mrd. € (Preise von 2025) bzw. 1,26 % des EU-BNE wurde von der Europäischen Kommission (2025a, 2025b) ein Vorschlag für einen Beschluss des Rates über das Eigenmittelsystem der Europäischen Union unterbreitet, der gezielte Anpassungen bei bestehenden Eigenmitteln vornimmt und neue Kategorien von Eigenmitteln einführt. Diese Änderungen sollen zu Mehreinnahmen von insgesamt 58,2 Mrd. € pro anno führen.

Der von den Mitgliedstaaten zum Ausgleich ihrer Erhebungskosten einbehaltene Anteil an den Traditionellen Eigenmitteln soll auf 10 % gesenkt werden; Modifikationen betreffen die Abschaffung der 150-Euro-Zollbefreiung für E-Commerce-Pakete mit Übergangsregelung ab dem Jahr 2026 und die Einführung einer Bearbeitungsgebühr für Kleinsendungen im elektronischen Handel ab 1. Januar 2028 (vgl. Europäische Kommission 2025b, S. 2). Zur Erhöhung der Transparenz des Eigenmittelsystems werden die Korrekturen ausgesetzt: die Kappungsgrenze bei der MwSt, die pauschalen Ermäßigungen auf nicht recycelte Verpackungsabfälle aus Kunststoff und auf die BNE-Eigenmittel. Der feste Betrag von 0,8 €/kg nicht recycelter Verpackungsabfall aus Kunststoff wird auf einen Wert von 1 €/kg im Jahr 2028 angehoben und jedes Jahr an die Preissteigerung angepasst.

Die schon 2021 und 2023 vorgeschlagenen Eigenmittel auf der Grundlage des Emissionshandelssystems und des CO_2-Grenzausgleichssystems bleiben aufrechterhalten. Zu den drei zusätzlich neuen Eigenmitteln gehört die Abgabe auf der Grundlage der Menge an nicht gesammelten Elektro- und Elektronikgeräten (E-Abfall) mit einem Satz von 2 €/kg, der jährlich inflationsangepasst wird. Ziel ist es, Anreize zu setzen, E-Abfall zu reduzieren. Die Einführung einer „EU-Tabaksteuer" entspricht den gesundheitspolitischen Intentionen der EU und wirkt dem grenzüberschreitenden Einkauf solcher Produkte im Wesentlichen aufgrund unterschiedlicher Steuerpolitik der Mitgliedsländer entgegen. Als Eigenmittel wird ein Abrufsatz von 15 % auf die in den steuerrechtlich freien Verkehr überführten und mit dem für den jeweiligen Mitgliedstaat geltenden Mindestsatz multiplizierten Mengen an Tabakerzeugnissen einbehalten. Die dritte Eigenmittelkategorie zielt auf große Konzerne, die überproportionale Vorteile durch den Binnenmarkt realisieren können. Vorgesehen ist ein jährlicher Unternehmensbeitrag für Europa, der von Unternehmen zu entrichten ist, die über ständige Niederlassungen in der EU verfügen und Nettoumsätze von mehr als 100 Mio. € pro anno erwirtschaften. Der Unternehmensbeitrag wird im Rahmen eines Spannensystems der Nettoumsatzerlöse als jährlicher Pauschalbetrag fällig.

Zur Absicherung der eingegangenen finanziellen Verpflichtungen beläuft sich der Gesamtbetrag der Eigenmittel, der der Union für die jährlichen Mittel für Zahlungen bzw. Verpflichtungen zur Verfügung steht auf 1,75 % bzw. 1,81 % der Summe der BNE aller Mitgliedstaaten.

In → Tab. 8 ist die projizierte Entwicklung der EU-Einnahmen (in laufenden Preisen) für den Zeitraum des zukünftigen Mehrjährigen Finanzrahmens dargestellt (vgl. European Commission 2025c). Der Einnahmenvorausschätzung liegt das von der Kommission vorgeschlagene neue Eigenmittelsystem zugrunde. Durch die neuen Eigenmittel wird das Gewicht der auf dem Bruttonationaleinkommen basierenden Eigenmittel an den Einnahmen der EU deutlich reduziert: deren Anteil fällt von 70,6 % im Jahr 2026 auf knapp 50 % bis zum Jahr 2034.

Jahre	**2028**	**2029**	**2030**	**2031**	**2032**	**2033**	**2034**
EU-Einnahmen gesamt (in Mrd. €)	270,0	300,7	297,1	292,8	277,4	274,7	267,5
Anteile an den EU-Einnahmen gesamt (in %)*							
Traditionelle Eigenmittel	12,8	11,9	12,4	13,0	14,1	14,7	15,6
MwSt-Eigenmittel	9,9	9,1	9,5	10,0	10,9	11,3	11,9
Kunststoff-Eigenmittel	3,4	3,2	3,3	3,4	3,6	3,7	3,9
Emissionshandelssystem-Eigenmittel	3,3	3,9	3,8	4,4	4,2	4,1	3,3
E-Abfall-Eigenmittel	6,0	5,5	5,6	5,8	6,2	6,3	6,5
EU-Tabaksteuer-Eigenmittel	4,8	4,2	4,2	4,4	4,5	4,4	4,8
CO_2-Grenzausgleich-Eigenmittel	0,3	0,3	0,4	0,5	0,7	0,7	0,8
Unternehmensbeitrag für Europa	2,7	2,5	2,5	2,6	2,8	2,8	3,0
BNE-Eigenmittel	55,5	58,5	57,3	55,0	52,0	51,1	49,1
Eigenmittel gesamt	98,8	99,0	99,0	99,0	99,0	98,9	98,8
sonstige Einnahmen	1,2	1,0	1,0	1,0	1,1	1,1	1,2

* Rundungsabweichungen

Tab. 8: Entwicklung der EU-Einnahmen, 2028–2034 | Quelle: European Commission 2025c

8.5.2 Einige Anmerkungen zur vorgesehenen Reform des Eigenmittelsystems

Der Reformvorschlag der Europäischen Kommission zum Eigenmittelsystem wird ambivalent beurteilt (vgl. Busch/Kauder/Sultan 2025, Schratzenstaller 2025, 2026, Europäischer Rechnungshof 2026). Einerseits wird anerkannt, dass die neuen Eigenmittel im Wesentlichen auf die Ziele und Programme der EU ausgerichtet sind; andererseits wird bemängelt, dass mit der Einführung neuer Abgaben negative Auswirkungen auf Investitionen und Innovation einhergehen und die internationale Wettbewerbsfähigkeit der europäischen Wirtschaft geschwächt wird (vgl. Wirtschaftskammer Österreich 2025).

Trotz Vereinfachung durch Aussetzung der Korrekturen bei der Ermittlung einiger Eigenmittel wird angeführt, dass die Komplexität des Eigenmittelsystems durch die fünf neuen Einnahmequellen ansteigt und deren Administration aufwändiger wird (vgl. Europäischer Rechnungshof 2026, S. 15–16). Hinzu kommt, dass neue Eigenmittel absehbar neue Rabatte nach sich ziehen werden, wodurch die Transparenz des Eigenmittelsystems wieder beeinträchtigt wird (vgl. Deutsche Bundesbank 2025, S. 41).

Im Einzelnen wird darauf verwiesen, dass insbesondere verhaltenslenkende Eigenmittel wie etwa die Tabaksteuer als Instrumente nationaler Politik keine geeignete Finanzierungsquelle für den EU-Haushalt darstellen. Wird das politische Ziel einer signifikanten Reduktion des Tabakkonsums entsprechend dem EU-Cancer-Plan 2040 erreicht (vgl. European Commission 2025d, Annex 2, S. 4–7), sinken die Einnahmen, so dass die notwendige Stabilität für eine EU-weite Budgetfinanzierung nicht gegeben ist (vgl. Wirtschaftskammer Österreich 2025, S. 7). Kurzfristige und langfristige Perspektive ist auch im Fall der Abgabe auf E-Abfall und der Plastik-Abgabe auseinanderzuhalten.

Der Unternehmensbeitrag für Europa, der von den Mitgliedstaaten im Namen der EU erhoben werden soll, stellt eine zusätzliche Belastung für Unternehmen dar, der neben nationalen Abgaben (Körperschaftsteuer) zu entrichten wäre. Die mit der Maßnahme einhergehenden Opportunitätskosten sind daher in Rechnung zu stellen. Da die Abgabe auf den Umsatz anstelle des Gewinns abzielt, wäre sie auch bei Verlusten der Unternehmen fällig. Im Übrigen führt das Spannensystem des Unternehmensbeitrags, das einem steuerlichen Stufenbetragstarif entspricht (vgl. Homburg 2015, S. 75–76), zu einer „inneren Regression“: während der absolut zu zahlende jährliche

Pauschalbetrag zwischen zwei Stufen ansteigt, nimmt die Durchschnittsbelastung innerhalb jeder Spanne mit zunehmendem Umsatz ab. In → Abb. 12 wird das Konzept des Spannensystems illustriert (vgl. Wirtschaftskammer Österreich 2025, S. 5, Darvas/Dom/Lappe 2025); eine tabellarische Darstellung wird vom Europäischen Rechnungshof (2026, S. 27) präsentiert. Aufgrund der negativen Einschätzung dieses neuen Eigenmittels wird sogar geargwöhnt (vgl. Zuleeg 2025), dass der Unternehmensbeitrag für Europa nur ein taktischer Schachzug ist, um nach Ablehnung dieses Vorschlags durch die Mitgliedstaaten den Weg für andere Finanzierungsquellen wie z. B. Schuldenfinanzierung freizumachen.

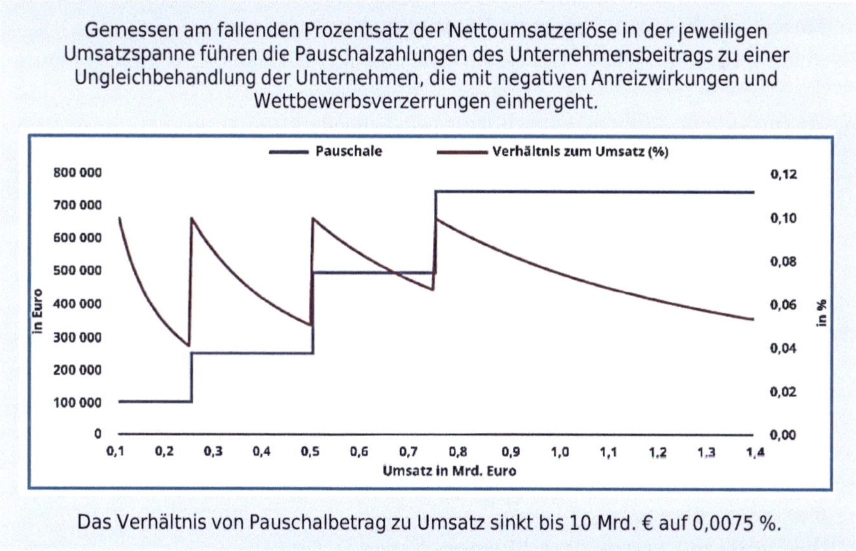

Abb. 12: Spannensystem des Unternehmensbeitrags für Europa | Quelle: Darvas/Dom/Lappe 2025

Mit Recht wird darauf verwiesen, den Bedarf an neuen Eigenmitteln zu vermindern, indem bestehende Steuerlücken bei der MwSt und den Zöllen geschlossen werden (vgl. Europäischer Rechnungshof 2026, S. 12). Nicht zuletzt ist daran zu denken, durch eine höhere Effizienz des Ressourceneinsatzes fiskalischen Spielraum zu schaffen und damit zur Entlastung der öffentlichen Finanzen beizutragen (vgl. Haroutunian/Nerlich/Rodriguez-Vives u. a. 2026, S. 104–122).

8.6 Schlussbemerkung

Es bleibt abzuwarten, welche Vorschläge nach anstehender Diskussion im politischen Raum Bestand haben werden und welche Gestalt das neue Eigenmittelsystem der Union aufweisen wird. Nicht unwesentlich dürfte dabei sein, wie die Verteilungspositionen der Mitgliedsländer durch das neue Einnahmensystem tangiert werden.

Literatur

Becker, Peter (2022): Der Haushalt der Europäischen Union und die deutsche Europapolitik, 2. Aufl., Springer VS, Wiesbaden

Benedetto, Giacomo (2024): Die Geschichte des EU-Haushalts, Europäisches Parlament, PE 636.475

Busch, Berthold/Kauder, Björn/Sultan, Samira (2025): Europäische Union: Mehrjähriger Finanzrahmen 2028 bis 2034, Anmerkungen zu den Vorschlägen der Europäischen Kommission IW-Report 47/2025, Köln

Council of the European Union (2025): Presidency progress report on new own resources, 10045/25, Brüssel, Internet: https://data.consilium.europa.eu/doc/document/ST-10045-2025-INIT/en/pdf

Darvas, Zsolt/Dom, Roel/Lappe, Marie-Sophie (2025): CORE concerns: why a turnover-based levy is wrong for the EU budget. A plan to raise EU revenues from companies benefitting from the single market would create risks and distortions, and should be withdrawn, Bruegel

Darvas, Zsolt/Dom, Roel/Lappe, Marie-Sophie/Saint-Amans, Pascal/Steinbach, Armin (2025): Bigger, better funded and focused on public goods: how to revamp the European Union budget, Blueprint Series 37, Bruegel

Deutsche Bundesbank (2025): EU-Finanzen: Finanzbeziehungen der Mitgliedstaaten zur EU 2024 und Mehrjähriger Finanzrahmen 2028 bis 2034, in: Monatsbericht Oktober 2025, S. 17–45

European Commission (2025a): Commission staff working document. Accompanying the document Communication from the Commission to the European Parliament, the European Council, the Council, the European Economic and Social Committee and the Committee of the Regions, A dynamic EU budget for the priorities of the future: the Multiannual Financial Framework 2028–2034, SWD(2025) 570 final/2, Brüssel

European Commission (2025b): The next generation of EU own resources, Internet: https://commission.europa.eu/strategy-and-policy/eu-budget/long-term-eu-budget/2021-2027/revenue/next-generation-eu-own-resources_en

European Commission (2025c): Report from the Commission to the European Parliament and the Council. Long-term forecast of future inflows and outflows of the EU budget (2026–2034), COM(2025) 573 final, Internet: https://eur-lex.europa.eu/legal-content/EN/TXT/?uri=celex:52025DC0573

European Commission (2025d): Commission Staff Working Document. Review of Europe's Beating Cancer Plan, SWD(2025) 39 final, Brüssel

Europäische Kommission (2021): Mitteilung der Kommission an das Europäische Parlament, den Rat, den Europäischen Wirtschafts- und Sozialausschuss und den Ausschuss der Regionen. Die nächste Generation von Eigenmitteln für den EU-Haushalt, COM(2021) 566 final, Brüssel

Europäische Kommission (2023): Mitteilung der Kommission an das Europäische Parlament, den Rat, den Europäischen Wirtschafts- und Sozialausschuss und den Ausschuss der Regionen. Ein angepasstes Paket für die nächste Generation von Eigenmitteln, COM(2023) 330 final, Brüssel

Europäische Kommission (2024): Bericht der Kommission an das Europäische Parlament und den Rat. Bericht über die Funktionsweise des MwSt-basierten Eigenmittelsystems, COM(2024) 569 final

Europäische Kommission (2025a): Mitteilung der Kommission an das Europäische Parlament, den Europäischen Rat, den Rat, den Europäischen Wirtschafts- und Sozialausschuss und den Ausschuss der Regionen, Ein dynamischer EU-Haushalt für die Prioritäten der Zukunft – der Mehrjährige Finanzrahmen 2028–2034, COM(2025) 570 final, Brüssel

Europäische Kommission (2025b): Vorschlag für einen BESCHLUSS DES RATES über das Eigenmittelsystem der Europäischen Union und zur Aufhebung des Beschlusses (EU, Euratom) 2020/2053, COM(2025) 574 final, Brüssel

European Parliament (2023): European Parliament resolution of 10 May 2023 on own resources: a new start for EU finances, a new start for Europe (2022/2172(INI)), C/2023/1067, Internet: https://eur-lex.europa.eu/eli/C/2023/1067/oj/eng/pdf

Europäischer Rechnungshof (2026): Stellungnahme 04/2026 zu dem Vorschlag für einen Beschluss über das Eigenmittelsystem der Europäischen Union (COM(2025) 574 final), Luxemburg, Internet: https://www.eca.europa.eu/ECAPublications/OP-2026-04/OP-2026-04_DE.pdf

Fuest, Clemens/Pisani-Ferry, Jean (2020): Financing the EU: New Context, New Responses, EconPol PolicyReport, vol. 4, München

Ghiran-Merveille, Anda-Diana/Schwarcz, Andras (2026): Mapping of existing, proposed and potential own resources as well as other revenue sources, European Parliament, PE 783.556

Gstrein, David/Herold, Elena/Neumeier, Florian (2023): Fiskalische Auswirkungen der Säule 1 (teilweise Neuverteilung von Besteuerungsrechten) und der Säule 2 (globale effektive Mindestbesteuerung). Kurzexpertise im Auftrag des Bundesministeriums der Finanzen, ifo Institut, München

Haroutunian, Stephan/Nerlich, Carolin/Rodriguez-Vives, Marta/Schauhoff, Caspar (2026); Steigerung der Effizienz öffentlicher Investitionen in Zeiten knapper Haushalte, in: EZB, Wirtschaftsbericht, Ausgabe 2/2026, S. 104–122

High Level Group on Own Resources (2016): Future Financing of the EU: Final report and recommendations of the High Level Group on Own Resources, Internet: https://commission.europa.eu/document/download/ba8e3b88-4928-47f9-9d3c-b0a63665d607_en?filename=future-financing-hlgor-final-report_2016_en.pdf&prefLang=de

Homburg, Stefan (2015): Allgemeine Steuerlehre, 7. Auflage, Verlag Franz Vahlen, München

Kowald, Karoline/Mazur, Sidonia/Pari, Marianna/Peters, Tim. Graphics: Lucille Killmayer (2025): Budgetary Outlook for the European Union 2025, EPRS, European Parliament, PE 769.563

Morgado Simões, Henrique (2023): EU Carbon border adjustment mechanism. Implications for climate and competitiveness, EPRS, European Parliament, PE 698.889

Schratzenstaller, Margit (2025): New EU own resources to strengthen Europe's long-term budget, Heinrich Böll Stiftung, Brüssel

Schratzenstaller, Margit (2026): New own resources for the EU budget, Policy Brief, Foundation for European Progressive studies

Schratzenstaller, Margit/Nerudová, Danuše/Solilová, Veronika/Holzner, Mario/Heimberger, Philipp/Korpar, Niko/Maucorps, Ambre/Moshammer, Bernhard (2022): New EU own resources: possibilities and limitations of steering effects and sectoral policy co-benefits, IPOL, European Parliament, PE 731.895

Steinbach, Armin (2023): Tax and Debt Financing the EU, in: Intereconomics, vol. 58(6), S. 311–314

Thöne, Michael (2024): European Public Goods and the 2028–2034 Multiannual Financial Framenwork. Financing the EU in a decade of reform, European Parliament, PE 766.171

Wirtschaftskammer Österreich (2025): Positionspapier. Mehrjähriger Finanzrahmen (MFR) 2028–2034. (Neue) Eigenmittel, Wien

Wissenschaftlicher Beirat beim Bundesministerium der Finanzen (2016): Reform der EU-Finanzierung: Subsidiarität und Transparenz stärken. Gutachten 01/2016, Berlin

Wissenschaftlicher Beirat beim Bundesministerium der Finanzen (2022): OECD-Reform der Besteuerung multinationaler Unternehmen – Besteuerung in Marktländern und globale Mindeststeuer auf dem Prüfstand. Stellungnahme 01/2022 vom 31. März 2022, Berlin

Zuleeg, Fabian (2025): Own resources: The EU's proposed levy on companies faces hard questions, in: European Policy Centre: Financing Europe's Future: Can the Commission's MFF proposal deliver?, Brüssel

9 Nettopositionen und Beitragsermäßigungen

9.1 Nettobeiträge der Mitgliedstaaten zum EU-Haushalt

Spätestens mit Beginn der 1980er-Jahre wurde eine Bewertung der EU-Mitgliedschaft anhand der Nettobeiträge der Mitgliedstaaten durchgeführt. Noch heute ist die Forderung der englischen Premierministerin im Zuge des Haushaltsstreits mit der EU (1979–1984) im Gedächtnis: „I want my money back“. Tatsächlich wurden buchhalterische Berechnungen zur fiskalischen Position der Mitgliedsländer gegenüber der EU auch schon früher vorgenommen.

Die Nettobeiträge der Mitgliedsländer ergeben sich aus der Gegenüberstellung von Rückflüssen aus dem EU-Haushalt an die Mitgliedstaaten und Zahlungen der Mitgliedstaaten an den Gemeinschaftshaushalt. Angezeigt wird, ob die Finanzbeziehungen zur EU-Ebene einen Mitgliedstaat per Saldo finanziell entlasten (Nettoempfänger) oder belasten (Nettozahler). Zum Ausdruck gebracht wird damit, inwieweit Länder in ähnlicher Position Unterschiede in ihren Nettozahlungen aufweisen (vgl. Busch/Kauder/Sultan 2025, S. 5) und in welchem Ausmaß es zu einer Umverteilung finanzieller Mittel zwischen den Mitgliedsländern der EU kommt (vgl. Deutsche Bundesbank 2022, S. 38).

Einen ersten Überschlag zur Ermittlung der Nettoposition eines Mitgliedslandes erhält man durch einfache Saldierung der Finanzströme aus dem EU-Haushalt (Rückflüsse) und an den EU-Haushalt (Zahlungen). Aus → Tab. 9 lässt sich die so bestimmte Nettoposition Deutschlands (ohne NGEU) im Jahr 2024 ermitteln.

Rückflüsse (in Mio. €)		Zahlungen (in Mio. €)	
1. Binnenmarkt, Innovation und Digitales	2.823,1	1. Eigenmittel	31.414,6
2. Zusammenhalt, Resilienz und Werte	2.493,3	A. Nationale Beiträge	27.392,8
3. Natürliche Ressourcen und Umwelt	6.102,8	B. Traditionelle Eigenmittel	4.021,8
4. Migration und Grenzmanagement	324,3	2. Sonstige	-
5. Sicherheit und Verteidigung	205,9		
6. Nachbarschaft und die Welt	68,8		
7. Europäische öffentliche Verwaltung	319,2		
Summe	12.337,4		
Außerhalb des Mehrjährigen Finanzrahmens	62,7		
Solidaritätsmechanismen innerhalb und außerhalb der Union (Spezielle Instrumente)	219,7		
Insgesamt	12.619,8		
Einwohner (in Tsd.)	83.577,1		
Bruttonationaleinkommen (in Mrd. €)	4 449,44		

Tab. 9: Pauschale Bestimmung der Nettoposition Deutschlands im Jahr 2024 | Quelle: European Commission 2025a

Je nach Abgrenzung der Rückflüsse wird Deutschland mit einem Negativsaldo aus Rückflüssen und Zahlungen an die EU in Höhe von -18.794,8 Mrd. € bzw. -19.077,2 Mrd. € als Nettozahler ausgewiesen. Pro Kopf ergeben sich Beträge von knapp 225 € bzw. 228 €, die an die EU abzuführen sind. Der Anteil des Nettobeitrags am Bruttonationaleinkommen lag damit für Deutschland bei -0,28 %.

Gegenüber der pauschalen Ermittlung der Nettobeiträge werden im Konzept der operativen Haushaltssalden (vgl. European Commission 2019, S. 72–

73) in einem ersten Schritt zunächst einige Bereinigungen vorgenommen (vgl. Busch/Kauder/Sultan 2025, Deutsche Bundesbank 2025, S. 21):

- Betrachtet werden nur Zahlungsströme des EU-Haushalts an die Mitgliedstaaten; Transfers an Staaten außerhalb der Union bleiben ausgeblendet.
- Auf der Ausgabenseite des EU-Haushalts werden die Verwaltungsausgaben als Kollektivleistungen behandelt, die einzelnen Ländern nicht sinnvoll zugeordnet werden können.
- Auf der Einnahmenseite werden nur die nationalen Beiträge (BNE-Eigenmittel, MwSt-Eigenmittel und Kunststoff-Eigenmittel) herangezogen, da Zölle von den Mitgliedstaaten im Unionsauftrag an den Außengrenzen der EU zwar erhoben werden, aufgrund des gemeinsamen Binnenmarktes aber die gesamte Union betreffen.

Damit die Zahlungen der Mitgliedstaaten an den EU-Haushalt und die operativen Ausgaben in ihren Summen übereinstimmen, muss in einem zweiten Schritt eine Anpassung der nationalen Beiträge vorgenommen werden, so dass sich der Gesamtsaldo aus den Nettopositionen aller Mitgliedsländer zu Null addiert (vgl. Asatryan/Havlik/Heinemann u. a. 2020).

In der folgenden → Box 3 ist der formale Ausdruck des operativen Haushaltssaldos angegeben.

Box 3 | Operativer Haushaltssaldo formalisiert

Der formale Ausdruck für den operativen Haushaltssaldo (OBB) als Rückfluss aus dem EU-Haushalt und Zahlung eines Mitgliedstaates (i) an den EU-Haushalt lautet (vgl. European Commission 2019, S. 72):

$$OBB_i = TAE_i - ADM_i - TNC_i \times \frac{(TAE_{EU} - ADM_{EU})}{TNC_{EU}}$$

mit

TAE_i = aufteilbare Mittel aus dem EU-Haushalt an Mitgliedstaat i

ADM_i = Ausgaben für europäische Verwaltung (Standortprinzip) in Mitgliedstaat i

$TAE_i - ADM_i$ = operative Ausgaben/Rückflüsse für Mitgliedstaat i

TNC_i = nationale Beiträge von Mitgliedstaat i

TAE_{EU} = aufteilbare Mittel des EU-Haushalts gesamt

ADM_{EU} = Ausgaben der europäischen Verwaltung gesamt
$TAE_{EU} - ADM_{EU}$ = operative Ausgaben des EU-Haushalts gesamt
TNC_{EU} = Nationale Beiträge der EU gesamt
$TNC_i \text{ x } (TAE_{EU} - ADM_{EU}) / TNC_{EU}$ = angepasste nationale Beiträge für Mitgliedstaat i

Ist OBB_i positiv (negativ), handelt es sich um ein Nettoempfängerland (Nettozahlerland).

Quelle: European Commission 2019

Die Summe aus den Nettozahlungen aller Mitgliedstaaten, die mit den Rückflüssen der Nettoempfängerländer insgesamt übereinstimmen, stellt die budgetäre Umverteilung dar.

9.2 Die Nettopositionen der EU-Mitgliedsländer im Jahr 2024

In → Tab. 10 werden die operativen Haushaltssalden der Mitgliedstaaten gegenüber der EU sowohl in absoluten Werten als auch je Einwohner und in Prozent des BNE für das Jahr 2024 wiedergegeben.

	EU-Haushalt			NGEU
Mitglieds-länder	in Mio. Euro	Euro pro Einwohner	Anteil am BNE	Anteil am BNE
Belgien	955,18	80,61	0,15	-0,29
Bulgarien	1.363,04	211,76	1,38	0,02
Dänemark	-480,67	-80,42	-0,12	-0,28
Deutschland	-13.110,18	-156,98	-0,29	-0,06
Estland	610,00	443,73	1,59	0,34
Finnland	-308,65	-54,91	-0,11	-0,21
Frankreich	-4.771,03	-69,60	-0,16	-0,10
Griechenland	3.463,55	328,88	1,50	0,04

Irland	-701,37	-130,24	-0,17	-0,32
Italien	-1.611,54	-27,34	-0,07	0,03
Kroatien	1.107,19	281,13	1,29	0,44
Lettland	1.018,78	547,44	2,60	0,52
Litauen	1.256,37	435,02	1,65	-0,21
Luxemburg	379,87	559,93	0,62	-0,37
Malta	108,61	190,79	0,56	-0,04
Niederlande	-1.485,74	-82,57	-0,13	-0,28
Österreich	-854,05	-93,05	-0,18	-0,36
Polen	2.894,48	77,13	0,36	0,38
Portugal	1.192,63	111,64	0,43	0,62
Rumänien	2.693,57	141,26	0,78	-0,10
Schweden	-1.004,12	-94,45	-0,17	-0,37
Slowakei	1.358,47	248,87	1,06	0,12
Slowenien	515,06	242,17	0,78	0,04
Spanien	2.216,22	45,38	0,14	0,67
Tschechien	1.121,95	102,98	0,37	0,56
Ungarn	1.957,64	204,73	0,97	-0,31
Zypern	114,74	117,90	0,38	-0,08

* ohne Zolleinnahmen, Verwaltungsausgaben und Ausgaben in Drittländern

Tab. 10: Operative Haushaltssalden 2024 | Quelle: Busch/Kauder/Sultan 2025, S. 21

Die Umverteilung über den EU-Haushalt (ohne NGEU) von wirtschaftlich stärkeren zu wirtschaftlich schwächeren Mitgliedstaaten belief sich auf 24,3 Mrd. €. Mit gut 13 Mrd. € war Deutschland der größte Nettozahler der EU gefolgt von Frankreich (4,8 Mrd. €) und Italien (1,6 Mrd. €). Größtes Nettoempfängerland war Griechenland (knapp 3,5 Mrd. €) vor Polen (2,9 Mrd. €) und Rumänien (2,7 Mrd. €). Auch bei den Pro-Kopf-Werten leistet Deutschland mit rund 157 € die höchsten Nettozahlungen je Einwohner, während Luxemburg mit 560 € pro Einwohner den ersten Platz als Nettoempfängerland belegt. Gemessen am Nettobeitrag in Prozent des Bruttonationaleinkommens liegen Deutschland und Österreich als Zahlerländer vor Irland und Schweden; die größten Nettoempfänger bezogen auf diese Größe waren die drei baltischen Staaten Lettland, Litauen und Estland.

Über den operativen Haushaltssaldo des EU-Haushalts hinaus können die Nettopositionen der Mitgliedsländer gegenüber dem Extrahaushalt Next Generation EU (NGEU) ermittelt werden, der als Kriseninstrument im Zuge der Corona-Pandemie eingerichtet wurde. Den schuldenfinanzierten NGEU-Transfers an die Mitgliedstaaten werden fiktive Beiträge gegenübergestellt, die sich nach deren Anteil an den gesamten BNE-Eigenmitteln und damit nach ihrem BNE-Anteil richten. Spanien ist im Jahr 2024 der größte Nettoempfänger (0,67 %) aus dem Extrahaushalt, vor Portugal (0,62 %) und Tschechien (0,56 %). An der Spitze der Nettozahlerländer liegen Luxemburg, Schweden und Österreich; mit einem Wert von -0,06 % am BNE ist Deutschland hier im mittleren Bereich angesiedelt.

Betrachtet man die Salden aus EU-Haushalt und NGEU zusammen, zeigt sich, dass die Mehrheit der Mitgliedstaaten Zahlungen aus beiden Haushalten erhielten. Der höchste Nettotransfer mit einem Anteil von 3,12 % am BNE entfiel auf Lettland. Österreich, Schweden und Irland leisteten die höchsten Nettozahlungen; Deutschland lag mit einem Wert von -0,35 im Jahr 2024 an sechster Position der Zahlerländer.

Weitgehend vergleichbare Ergebnisse liegen in einer entsprechenden Analyse der Deutschen Bundesbank (2025) vor, die eine modifizierte Abgrenzung der operativen Ausgaben (Einbeziehung zusätzlicher Transfers durch REPowerEU, Korrektur um den NGEU-Schuldendienst im EU-Haushalt) vornimmt.

Im Zeitraum des geltenden Finanzrahmens entfallen auf die beiden Rubriken „Zusammenhalt, Resilienz und Werte“ sowie „Natürliche Ressourcen und Umwelt“ die höchsten Ausgaben des EU-Haushalts. Eine Zerlegung der gesamten Nettoposition in politikspezifische operative Haushaltssalden zeigt daher auf, welche Mitgliedstaaten der EU von der gemeinsamen Agrarpolitik oder der Kohäsionspolitik besonders begünstigt werden (vgl. Busch/Kauder/Sultan 2025, S. 15–18).

9.3 Begrenzte Aussagekraft des operativen Haushaltssaldos

Die von der EU-Kommission jährlich ausgewiesenen Statistiken zu den Nettopositionen der einzelnen Mitgliedsländer in Bezug auf den EU-Haushalt werden ab dem Jahr 2020 nicht mehr veröffentlicht. Aufgrund der Nullsummenannahme stellt sie eine verzerrte Messgröße dar, die über den Nutzen des EU-Haushalts nur begrenzte Informationen liefert und den Mehrwert der EU für die Mitgliedstaaten prinzipiell nicht erfassen kann. Als problematisch werden verschiedene Aspekte des Nettosaldenkonzeptes angesehen (vgl. High Level Group on Own Resources 2016, S. 57–67, Asatryan/Havlik/Heinemann u. a. 2020, Pilati/Zuleeg 2020).

So wird bei der Ermittlung des operativen Haushaltssaldos unterstellt, dass den ausgeklammerten Ausgaben außerhalb der EU kein Nutzen beigemessen werden kann, da ein direkter Mittelrückfluss an die Mitgliedstaaten fehlt. Entwicklungshilfe als humanitäre Verpflichtung und Ausdruck der internationalen Solidarität trägt jedoch zur Stabilisierung der wirtschaftlichen und politischen Situation in Drittländern bei und kann eine Reduzierung des Migrationsdrucks bewirken. Auch die Heranführungsprogramme für Kandidatenländer der EU fördern Handel und Zusammenarbeit; durch Angleichung an EU-Standards wird der Binnenmarkt gestärkt.

Im Falle von Skalenerträgen kann eine Aufgabenerfüllung auf EU-Ebene kostengünstiger erfolgen als die Leistungserbringung auf Ebene der Mitgliedstaaten. Dies gilt etwa für die Vorteile einer EU-Kooperation im Verteidigungsbereich (vgl. Bertelsmann Stiftung 2017, European Commission/High Representative 2025, S. 8) wie für die internationale Vertretung durch potenziell gemeinsame EU-Botschaften (vgl. Heinemann/Moessinger/Osterloh u. a. 2013). Schwellenwerteffekte können bei fixkostenintensiven Programmen durch die EU überwunden werden, wenn mehr finanzielle Mittel eingesetzt werden müssen als einzelne Mitgliedstaaten bereitzustellen in der Lage sind.

Schließlich können Budgetmaßnahmen der EU auch über den unmittelbaren Empfänger hinaus Wirkungen entfalten, die mit grenzüberschreitenden und anderen indirekten Vorteilen einhergehen. Steigerung des Know-how durch Forschungsförderung kann zu einem länderübergreifenden Technologietransfer führen und relevante Wachstumsimpulse auslösen. Die Ausgaben zur Verbesserung der Verkehrsinfrastruktur in einem Mitgliedsland reduziert Transportkosten und trägt zur Stärkung des Binnenmarktes bei.

Kohäsionsausgaben zur Unterstützung weniger entwickelter Regionen fördern nicht nur den sozialen Zusammenhalt in der Union, sondern stärken Handel und wirtschaftliche Verflechtung zwischen den Mitgliedstaaten.

Schließlich ergeben sich auch im Fall einer eher geringeren Ausgabenintensität europäischen Handelns Vorteile für die Mitgliedsländer der EU. Dies betrifft nicht nur die Harmonisierung von Standards und gemeinsame Regelsetzung, sondern ebenso Maßnahmen, die der demokratischen und politischen Stabilität in Europa dienen.

9.4 Haushaltsungleichgewichte und Rabattsystem

Auch wenn der EU-Haushalt primär dazu dient, die Gemeinschaftsaufgaben zu finanzieren und Ausgabenkohärenz zu gewährleisten, haben Verteilungsfragen bei Verhandlungen über das EU-Budget ein besonderes Gewicht. Aus der Perspektive nationaler Kosten-Nutzen-Abwägungen versuchen die Mitgliedsländer ihren Nettosaldo durch Vorabzuweisungen und ihr Land begünstigende Ausgabenpositionen in Bereichen mit politisch hohem Aufmerksamkeitswert (Agrarpolitik, Kohäsion) zu verbessern anstelle gesamteuropäische Anliegen zu unterstützen. Auf der Einnahmenseite begrenzen teils komplizierte Korrekturmechanismen die finanzielle Belastung der Mitgliedstaaten, die ein hohes Haushaltsungleichgewicht aufweisen. Am bekanntesten ist der sogenannte Britenrabatt, der im Jahr 1985 in Kraft trat und mit dem Austritt des Vereinigten Königreichs aus der EU und dem Ende der Übergangsphase am 31. Dezember 2020 endete. Aber auch anderen Nettozahlerländern werden derartige finanzielle Zugeständnisse gewährt. In → Tab. 11 sind überblicksartig die Korrekturen zugunsten einzelner Mitgliedstaaten dargestellt. Selbst in der pauschalen Erstattung der Zollerhebungskosten wird ein verstecktes Rabattelement vor allem für die Niederlande (Rotterdam) und Belgien (Antwerpen) gesehen, da der Verwaltungsaufwand für den Einzug der Mittel bei höheren Zolleinnahmen vergleichsweise geringer sein dürfte (vgl. Deutsche Bundesbank 2020, S. 52–53).

Eigenmittelbeschluss	Jahr	Ausgleichsmaßnahmen
1. Eigenmittelbeschluss	1970/1971	Erstattung der Erhebungskosten in Höhe von 10 % der gezahlten Traditionellen Eigenmittel zugunsten der Mitgliedstaaten
2. Eigenmittelbeschluss	1985/1986	Rabatt für das Vereinigte Königreich; Ausgleich Deutschlands in Höhe von einem Drittel des zu zahlenden Betrags zur Finanzierung des Britenrabatts
3. Eigenmittelbeschluss	1988	Einbehaltung von 10 % der gezahlten Traditionellen Eigenmittel durch die Mitgliedstaaten
5. Eigenmittelbeschluss	2000/2001	Erhöhung des nationalen Einbehaltungssatzes für die Erhebungskosten der Traditionellen Eigenmittel auf 25 % Reduktion des Finanzierungsanteils Deutschlands, der Niederlande, Österreichs und Schwedens auf ein Viertel der Korrektur des Haushaltsungleichgewichts zugunsten des Vereinigten Königreichs
6. Eigenmittelbeschluss	2007	Kürzung des Abrufsatzes der MwSt-Eigenmittel für Österreich 0,225 %, Deutschland 0,15 % und für die Niederlande und Schweden 0,10 % pauschale Verminderung der BNE-Eigenmittel zugunsten Schwedens und der Niederlande
7. Eigenmittelbeschluss	2014	Senkung des nationalen Einbehaltungssatzes für die Erhebungskosten der Traditionellen Eigenmittel auf 20 % der Abrufsatz der MwSt-Eigenmittel für Deutschland, die Niederlande und Schweden wird auf 0,15 % festgesetzt pauschale Rabatte auf BNE-Zahlungen für Dänemark, Niederlande, Schweden und degressiver Rabatt für Österreich

8. Eigenmittelbeschluss	2020	der Einbehaltungssatz für die Erhebung der Traditionellen Eigenmittel wird auf 25 % angehoben pauschale Ermäßigungen auf BNE-Zahlungen für Österreich, Dänemark, Deutschland, und Schweden Rabatte auf die neu eingeführte Eigenmittelkategorie der Kunststoff-Eigenmittel (Plastik-Abgabe) für Länder mit unterdurchschnittlichem Einkommensniveau

Tab. 11: Diverse Ausgleichsmaßnahmen im Zeitverlauf

Im Vorschlag der Europäischen Kommission für einen Beschluss des Rates über das Eigenmittelsystem der EU (COM(2025) 574 final) ab dem Jahr 2028 ist vorgesehen, den Einbehaltungssatz für die Erhebung der Traditionellen Eigenmittel wieder auf 10 % zu senken und zur Gewährleistung eines transparenten Einnahmensystems keine Anpassungen an den Eigenmitteln mehr vorzunehmen. Angesichts steigender Nettobeiträge fordert Deutschland im Rahmen der laufenden Vertragsverhandlungen zum langfristigen EU-Haushalt allerdings einen signifikanten Beitragsrabatt, da Korrekturen auf der Einnahmenseite als zentral angesehen werden, um eine faire Lastenteilung zu gewährleisten (vgl. z. B. Deutscher Bundestag 2025, S. 7).

9.5 Kann das Juste-retour-Denken gegenüber dem EU-Haushalt überwunden werden?

Verschiedene Ideen, der Perspektive der Rückflusspolitik seitens der Mitgliedsländer der EU zu begegnen, reichen von der Konstruktion einer „angereicherten“ Größe des Nettobeitrags über einen allgemeinen Korrekturmechanismus ohne Sonderrechte für einzelne EU-Länder bis hin zur Anpassung nationaler Kofinanzierungssätze für bestimmte Ausgabenprogramme der EU (vgl. Benedetto/Heinemann/Zuleeg 2020).

Wird eine wesentliche Ursache für das Juste-retour-Verhalten der Mitgliedsländer in dem engen Nexus zwischen nationalen Budgets und dem EU-Haushalt gesehen, der weit überwiegend über die BNE-basierten nationalen Beiträge gedeckt wird, wäre eine Finanzierung über stärker diversifizierte Eigenmittel erwägenswert. In Betracht zu ziehen wären insbesondere solche Einnahmen, die eng mit den Prioritäten der Union verknüpft sind (vgl. European Commission 2025b). Namentlich die Einnahmen aus dem EU-Emissionshandel und dem CO_2-Grenzausgleichssystem stellen probate Optionen dar (⟶ Kapitel 8). Ein Hemmnis könnte allerdings darin bestehen, dass mit der Anrechnung von neuen Eigenmitteln auf die BNE-Eigenmittel eine Änderung in der Verteilung der Finanzierungslasten unter den Mitgliedstaaten auftritt (vgl. Wissenschaftlicher Beirat beim Bundesministerium der Finanzen 2016, S. 18–22, Darvas/Dom/Lappe u. a. 2025, S. 52–57). Länder, die ihre fiskalischen Interessen beeinträchtigt sehen, könnten von ihrem Vetorecht Gebrauch machen.

Die Perspektive der Mitgliedsländer, Zahlungen gegen Rückflüsse aus dem EU-Budget aufzurechnen, wird auch dadurch erleichtert, dass ein maßgeblicher Anteil des Unionshaushalts auf regional und national zurechenbare Maßnahmen (z. B. Agrarpolitik) entfällt. Gelänge es, den Schwerpunkt auf die Bereitstellung EU-weiter öffentlicher Güter und auf Programme im europäischen Interesse zu richten, wäre der Anreiz zugunsten einer Rückholpolitik durch die Mitgliedsländer abgeschwächt. Soweit das Juste-retour-Denken vor allem ausgabenseitig begründet ist, würde diese Ausrichtung des EU-Haushalts mehr als eine Reform der EU-Finanzierung dazu beitragen, das Verhalten der Mitgliedsländer zu verändern (vgl. Wissenschaftlicher Beirat beim Bundesministerium der Finanzen 2016, S. 29–30).

Um zu verhindern, dass durch die nationale Nettozahler-Logik die Bereitstellung gemeinsamer europäischer Güter in den Hintergrund gerückt wird, stellt ein anderer Ansatz darauf ab, den EU-Haushalt aufzuspalten. In einem allokativen Teil erfolgt die Ressourcenzuteilung auf EU-weite Projekte mit hohem gemeinschaftlichen Nutzen (Innovation, Bildung, Infrastruktur), ohne durch Verteilungskonflikte beeinträchtigt zu sein. Im distributiven Teil werden die Umverteilungsfragen verhandelt und die Entscheidungen über die Mittelzuweisung (Kohäsion, Landwirtschaft) an benachteiligte Regionen oder Sektoren getroffen. Durch die Trennung von Allokations- und Distributionsfunktion könnte die Auseinandersetzung über die Struktur des EU-Haushalts fokussierter erfolgen (vgl. Deutsche Bundesbank 2020, S. 63).

Literatur

Asatryan, Zareh/Havlik, Annika/Heinemann, Friedrich/Nover, Justus/Pilat, Marta (2020): The net operating balances: Variants, emerging numbers and history, European Parliament, PE 648.183

Asatryan, Zareh/Havlik, Annika/Heinemann, Friedrich/Nover, Justus (2020): Why net operating balances are a distorted indicator of a Member State's benefit from the EU budget, European Parliament, PE 648.148

Benedetto, Giacomo/Heinemann, Friedrich/Zuleeg, Fabian (2020): Strategies to overcome the „juste retour" perspective on the EU budget, European Parliament, PE 648.186

Bertelsmann Stiftung (2017): How Europe can deliver. Optimising the division of competences among the EU and its member states, Gütersloh

Busch, Berthold/Kauder, Björn/Sultan, Samina (2025): EU-Haushalt und Mitgliedstaaten. Wer ist Nettozahler, wer Nettoempfänger?, IW-Report 62/2025, Köln

Darvas, Zsolt/Dom, Roel/Lappe, Marie-Sophie/Saint-Amans, Pascal/Steinbach, Armin (2025): Bigger, better funded and focused on public goods: how to revamp the European Union budget, Blueprint Series 37, Bruegel

Deutsche Bundesbank (2020): Der EU- Haushalt und seine Finanzierung: Rückschau und Ausblick, in: Monatsbericht April 2020, S. 45–66

Deutsche Bundesbank (2022): Finanzbeziehungen der Mitgliedstaaten zu EU-Haushalt und Extrahaushalt Next Generation EU im Jahr 2021, in: Monatsbericht Oktober 2022, S. 37–48

Deutsche Bundesbank (2025): EU-Finanzen: Finanzbeziehungen der Mitgliedstaaten zur EU 2024 und Mehrjähriger Finanzrahmen 2028 bis 2034, in: Monatsbericht Oktober 2025, S. 17–45

Deutscher Bundestag (2025): Drucksache 21/1730, 22.09.2025

European Commission (2019): EU Budget 2018. Financial Report, Luxemburg

European Commission (2025a): EU spending and revenue 2021–2027, Internet: https://commission.europa.eu/strategy-and-policy/eu-budget/long-term-eu-budget/2021-2027/spending-and-revenue_en

European Commission (2025b): The next generation of EU own resources, Internet: https://commission.europa.eu/strategy-and-policy/eu-budget/long-term-eu-budget/2021-2027/revenue/next-generation-eu-own-resources_en

European Commission/High Representative (2025): The White Paper for European Defence – Readiness 2030, Internet: https://defence-industry-space.ec.europa.eu/eu-defence-industry/white-paper-european-defence-readiness-2030_en

Heinemann, Friedrich/Moessinger, Marc-Daniel/Osterloh, Steffen/Weiss, Stefani (2013): One Embassy with 27 Flags – The Potential Benefits from European International Representations, in: Bertelsmann-Stiftung: The European Added Value of EU Spending: Can the EU Help its Member States to Save Money? Exploratory Study, Gütersloh, S. 56–78

High Level Group on Own Resources (2016): Future Financing of the EU: Final report and recommendations of the High Level Group on Own Resources, December 2016, Internet: https://commission.europa.eu/document/download/ba8e3b88-4928-47f9-9d3c-b0a63665d607_en?filename=future-financing-hlgor-final-report_2016_en.pdf&;prefLang=de

Pilati, Marta/Zuleeg, Fabian (2020): The benefits of EU membership are not measured by net operating balances, European Parliament, PE 648.145

Wissenschaftlicher Beirat beim Bundesministerium der Finanzen (2016): Reform der EU-Finanzierung: Subsidiarität und Transparenz stärken. Gutachten 01/2016, Berlin

10 Zur Verschuldung der Europäischen Union

10.1 Die Fiskalkriterien des Stabilitäts- und Wachstumspaktes

Mit der Einführung des Euro und damit der gemeinsamen Geldpolitik auf supranationaler Ebene war es für das Funktionieren der Wirtschafts- und Währungsunion unerlässlich, die in der Verantwortung der Mitgliedsländer liegende Fiskalpolitik zu koordinieren und solide Staatsfinanzen zu gewährleisten. Im Maastricht-Vertrag von 1992 wurden Obergrenzen für das jährliche Haushaltsdefizit (3 % des BIP) und den Schuldenstand (60 % des BIP) der Mitgliedstaaten festgeschrieben. Der 1997 unterzeichnete Stabilitäts- und Wachstumspakt enthielt Regelungen, wie die Einhaltung der Defizit- und Schuldengrenzen zu überwachen und Verstöße gegen die festgelegten Haushaltsziele zu sanktionieren sind. Der „präventive Arm" des Stabilitäts- und Wachstumspaktes umfasst die Vorgaben für eine solide Haushaltspolitik der Mitgliedstaaten, der „korrektive Arm" greift, wenn Schieflagen eingetreten sind. In der Folge wurden die Fiskalregeln und ihre Umsetzung wiederholt angepasst (vgl. Deutsche Bundesbank 2017, S. 29–45).

Allerdings wurden die Vorgaben des Stabilitäts- und Wachstumspaktes von den Mitgliedstaaten vielfach nicht erfüllt. → Abb. 13 zeigt, dass die durchschnittlichen numerischen Abweichungen sowohl hinsichtlich der Defizitregel wie der Schuldenstandsnorm nicht unerheblich waren.

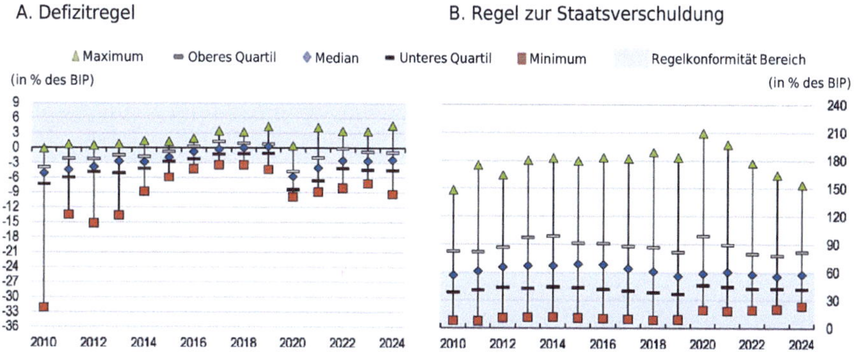

Abb. 13: Befolgung der Fiskalkriterien im Zeitraum 2010–2024 | Quelle: OECD 2025, S. 38

Dem im Zuge der Finanz- und Eurokrise starken Anstieg der Staatsverschuldung in den Mitgliedsländern der EU versuchte man mittels strikter Austeritätspolitik zu begegnen. Während deren Auswirkung auf die Konsolidierung der öffentlichen Haushalte eher bescheiden war, kam es infolge Fehleinschätzung der Fiskalmultiplikatoren zu hoher Arbeitslosigkeit und sozialen Verwerfungen vor allem in den südlichen EU-Ländern. Die Europäische Zentralbank musste mit einer überaus expansiven Geldpolitik (Bereitstellung von Notenbankliquidität zu günstigen Konditionen, massiver Ankauf von Wertpapieren des öffentlichen Sektors) die Aufgabe der Konjunkturstabilisierung übernehmen.

Vor allem die Corona-Pandemie machte deutlich, dass starre Defizit- und Schuldenregeln in der Krise kontraproduktiv sind und die restriktive Konsolidierungspolitik zugunsten von mehr haushaltspolitischer Flexibilität aufgegeben werden sollte (vgl. Europäische Kommission 2020, Deutscher Bundestag 2020). Mit der Aktivierung der „allgemeinen Ausweichklausel" des Stabilitäts- und Wachstumspaktes wurden die Fiskalkriterien vorübergehend aufgehoben, was den Mitgliedstaaten die Möglichkeit umfangreicher Stützungsmaßnahmen bot, ohne gegen die Haushaltsregeln zu verstoßen (vgl. Sachverständigenrat zur Begutachtung der gesamtwirtschaftlichen Entwicklung 2020, S. 82–159). Auch der im Auftrag der Union schuldenfinanzierte und über den EU-Haushalt gedeckte Aufbaufonds NGEU (Next Generation) zielte darauf, über die Krisenbewältigung hinaus den grünen und digitalen Wandel in den EU-Volkswirtschaften zu unterstützen. Dies begünstigte die Idee einer künftig aktiveren Fiskalpolitik auf EU-Ebene.

Im Jahr 2024 wurden neue Regelungen des fiskalpolitischen Rahmens der EU in Kraft gesetzt, um tragfähige öffentliche Finanzen zu sichern und notwendige Zukunftsinvestitionen für mehr Wachstum in der EU zu ermöglichen (vgl. Bundesministerium der Finanzen 2024). Die Mitgliedstaaten halten zwar an dem Defizit- und Schuldenstandskriterium fest; vor allem der präventive Arm des reformierten Stabilitäts- und Wachstumspaktes sieht aber wesentliche Änderungen vor. So sind mehrjährige (4–7 Jahre) finanzpolitisch-strukturelle Pläne (Fiskalpläne) bilateral zwischen Europäischer Kommission und jeweiligem Mitgliedstaat aufzustellen, die insbesondere den nationalen Ausgabenpfad aufzeigen und Informationen über relevante Investitionen und Reformmaßnahmen in Übereinstimmung mit den Prioritäten der EU enthalten. Zur Umsetzung dieser abgestimmten Pläne, die Grundlage der regelmäßigen Haushaltsüberwachung darstellen, werden von den Ländern jährliche Fortschrittsberichte vorgelegt. Für die

Gewährleistung der Schuldentragfähigkeit (Debt Sustainability Safeguard) gilt die Vorgabe, dass Staaten mit einer öffentlichen Verschuldung, die 90 v. H. des BIP übersteigt, die Schuldenquote um einen Prozentpunkt pro anno zurückführen müssen; für Länder mit einer Schuldenstandsquote zwischen 60 v. H. und 90 v. H. des BIP beläuft sich die Reduktion auf einen halben Prozentpunkt jährlich. Zur Absicherung der Defizitresilienz (Deficit Resilience Safeguard) ist die Haushaltsanpassung so lange vorzunehmen, bis das (strukturelle) Defizit eine Sicherheitsmarge von 1,5 v. H. des BIP gegenüber dem Referenzwert aufweist (vgl. Bundesministerium der Finanzen 2024, S. 10–11).

Was den korrektiven Arm im Rahmen des reformierten Regelwerkes betrifft, kann ein defizitbasiertes Verfahren bei Überschreiten des Referenzwertes für das Haushaltsdefizit ausgelöst werden; bei deutlichen Abweichungen vom Ausgabenpfad des präventiven Arms kann ein schuldenstandsbasiertes Verfahren eingeleitet werden.

Neben der allgemeinen Ausweichklausel des Stabilitäts- und Wachstumspaktes kann bei Vorliegen außergewöhnlicher Umstände eine nationale Ausweichklausel (Artikel 26 der Verordnung (EU) 2024/1263) aktiviert werden, die von Deutschland im Jahr 2025 zur Finanzierung der Aufrüstungsanstrengungen innerhalb der Union in Anspruch genommen worden ist.

Für die fiskalische Glaubwürdigkeit des reformierten Stabilitäts- und Wachstumspaktes ist letztlich die Bereitschaft der EU-Mitgliedsländer verantwortlich, eine nachhaltige Haushaltspolitik zu betreiben und den gegenseitigen überstaatlichen Verpflichtungen auch nachzukommen. Zweifel daran ließen sich ausräumen, wenn die vereinbarten Sanktionen bei Regelverstößen durchgesetzt und zuverlässig greifen würden (vgl. Janeba/Larch 2026).

10.2 Empirie der Verschuldung in Europa

Während Ende 2025 der Schuldenstand des Staatssektors im Verhältnis zum BIP in der EU bei 82,8 % (Euroraum: 88,8 %) liegt, ist die Situation der öffentlichen Verschuldung in den einzelnen Mitgliedstaaten ganz unterschiedlich. Die Länder mit den höchsten Verschuldungsquoten gemessen am BIP sind Griechenland (147,6 %) gefolgt von Italien (136,4 %), Frankreich (116,3 %), Belgien (107,1 %) und Spanien (100,0 %). Die geringsten Quoten weisen die Länder Dänemark (28,9 %), Bulgarien (28,5 %), Luxemburg (26,8 %) und Estland (23,4 %) auf (vgl. Bundesministerium der Finanzen 2026). Für Deutschland wird die Entwicklung der Staatsschuldenquote im Zeitraum 1991–2025 in → Abb. 14 wiedergegeben; im Jahr 2025 beläuft sich der entsprechende Wert auf 63,5 %.

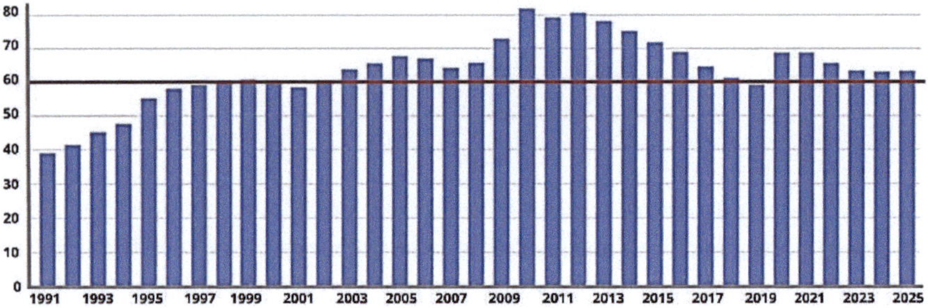

Abb. 14: Entwicklung der Staatsschuldenquote (in v. H. des BIP) für Deutschland im Zeitraum 1991–2025 | Quelle: Bundesministerium der Finanzen 2025

Mit einem Wert von -3,1 % liegt das Finanzierungsdefizit in der EU wie auch im Euroraum im Jahr 2024 oberhalb des Normwertes. Wie → Tab. 12 zeigt, weisen mit Ausnahme von Dänemark (4,5 %), Zypern (4,1 %), Irland 4,0 %), Griechenland (1,2 %), Luxemburg (0,9 %) und Portugal (0,5 %) alle anderen Mitgliedsländer ein Defizit aus. Die drei Staaten mit den höchsten Defiziten sind Rumänien (-9,3 %), Polen (-6,5 %) und Frankreich (-5,8 %).

Belgien	-4,4	Luxemburg	0,9
Bulgarien	-3,0	Malta	-3,5
Deutschland	-2,7	Niederlande	-0,9
Dänemark	4,5	Österreich	-4,7
Estland	-1,7	Polen	-6,5
Europäische Union	-3,1	Portugal	0,5
Euroraum	-3,1	Rumänien	-9,3
Finnland	-4,4	Schweden	-1,6
Frankreich	-5,8	Slowakei	-5,5

Griechenland	1,2	Slowenien	-0,9
Irland	4,0	Spanien	-3,2
Italien	-3,4	Tschechien	-2,0
Kroatien	-1,9	Ungarn	-5,0
Lettland	-1,8	Zypern	4,1
Litauen	-1,3		

Tab. 12: Finanzierungsdefizit (-)/-überschuss (+) in % des Bruttoinlandsproduktes | Quelle: Eurostat 2025

In → Abb. 15 wird die Entwicklung des Finanzierungssaldos (in % des BIP) für Deutschland im Zeitraum 1991 bis 2023 dargestellt. Die hohen gesamtstaatlichen Defizite in der ersten Hälfte der 90er-Jahre als Folge der deutschen Wiedervereinigung konnten nachfolgend abgebaut werden, bevor es aufgrund einer schlechten konjunkturellen Entwicklung ab dem Jahr 2000 wieder zu einem Anstieg der Defizitquote kam. Die Konsolidierung der öffentlichen Haushalte in den Jahren 2007/2008 wurde durch den Ausbruch der Finanz- und Wirtschaftskrise unterbrochen. Die Corona-Pandemie beendete die Phase annähernd ausgeglichener Haushalte und Finanzierungsüberschüsse im Zeitraum 2012 bis 2019 und führte dazu, dass die Defizitquote in den Jahren 2020 und 2021 die 3 %-Schwelle wieder übertraf (vgl. Bundesministerium der Finanzen 2025).

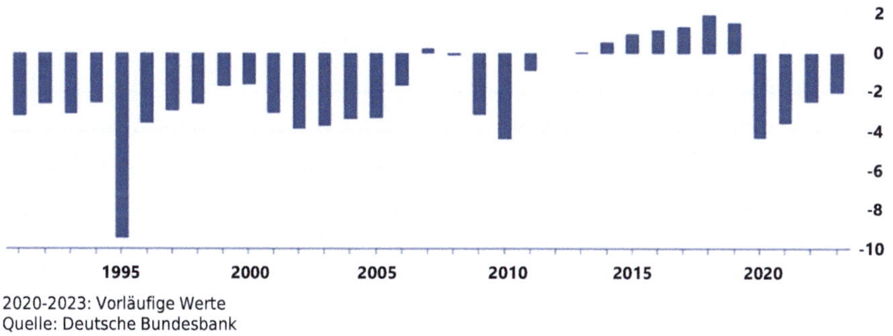

Abb. 15: Finanzierungsaldo des Staates, Deutschland, 1991–2023 | Quelle: Statistisches Bundesamt (Destatis) 2026

Der für das Jahr 2024 festgestellte Defizitwert in Höhe von -2,7 % wird für Deutschland auch im Jahr 2025 erwartet (vgl. Statistisches Bundesamt 2026).

In der mittelfristigen Perspektive legen Status-quo-Projektionen (vgl. European Commission 2025a, S. 30–52, International Monetary Fund 2025, S. 16–19) vor allem für die großen EU-Mitgliedsländer eine weitere Belastung der Staatshaushalte nahe. Im Jahr 2035 wird sich der Schuldenstand für Deutschland voraussichtlich auf 95 % in Relation zum BIP belaufen; im Vergleich dazu liegen die Werte für Italien (154 %) und Frankreich (146 %) deutlich höher. In Spanien dürfte die Schuldenquote in geringerem Umfang erst zwischen 2030 und 2035 gegenüber dem heutigen Wert zunehmen. Im Gefolge der expandierenden Staatsschulden steigen die Zinszahlungen, die in der Spitze für Italien bei 6,5 % des BIP liegen gefolgt von Frankreich (5 %), Spanien mit einem Wert von gut 4 % und Deutschland zwischen 2 % und 3 %. Ohne hinreichend hohe Primärüberschüsse (Einnahmen abzüglich Ausgaben ohne Zinszahlungen) zu erwirtschaften, kann auch das Finanzierungsdefizit nicht abgebaut werden. Erwartet wird, dass sich die hohe Defizitquote für Frankreich in den nächsten Jahren nur marginal verändert und ab 2030 sogar leicht wieder zunehmen wird. Angesichts steigender Staatsausgaben wird sich für Deutschland im Jahr 2035 absehbar ein Haushaltsdefizit in Höhe von 5 % des BIP ergeben. Für Italien wird damit gerechnet, dass die Defizitquote zunächst bei über 3 % verharrt und wie für Spanien im Trend zunehmen wird (vgl. Stamer 2025).

10.3 Gemeinsame Schuldenaufnahme auf EU-Ebene

10.3.1 Anleihefinanzierte Unionsprogramme

Vor dem Hintergrund hoher Schuldenstände in zahlreichen Mitgliedsländern und eines steigenden Ausgabenbedarfs angesichts geopolitischer Unwägbarkeiten und wirtschaftlicher Herausforderungen (vgl. Draghi 2025) wird verstärkt die Aufnahme gemeinsamer Schulden durch die EU diskutiert. Diese vor allem von Frankreich unterstützte Idee (vgl. Geslin 2026) stößt in Deutschland auf deutliche Zurückhaltung (vgl. Wulff Wold/Kurmayer/Moller-Nielsen 2026).

Schon seit Jahren werden Unionsprogramme durch die Aufnahme von Krediten am Kapitalmarkt finanziert (vgl. Heinemann 2024, S. 296–302). Abgesehen von der im Jahr 1958 gegründeten Europäischen Investitionsbank, die inner- wie außereuropäisch Kredite vergibt, und der Euratom-Darlehensfazilität aus dem Jahr 1977 werden in → Tab. 13 die verschiedenen Verschuldungsinstrumente der EU dargestellt.

Verschuldungs-instrumente	Jahr	Ziel	Volumen (Mrd. €)
Unterstützungsfazilität für Zahlungsbilanzen	1975	Zahlungsbilanzhilfen (mittelfristige Darlehen) für EU-Länder außerhalb des Euro-Währungsgebietes	50 Mrd. €
Makrofinanzhilfe	1990	Finanzielle Soforthilfe für Länder, die der EU geografisch, wirtschaftlich und politisch nahestehen	Auszahlungen 2025: 19,7 Mrd. €, davon für Ukraine: 18,1 Mrd. €
Europäischer Finanzstabilisierungsmechanismus	2010	Kurzfristige finanzielle Unterstützung für EU-Staaten im Zuge der Euro-/Staatsschuldenkrise	60 Mrd. €
SURE-Instrument	2020	Unterstützung der Mitgliedsländer bei der Bewältigung ihrer pandemiebedingten Arbeitsmarktrisiken	100 Mrd. €
NextGenerationEU	2020	Hilfestellung für die Mitgliedstaaten im Umgang mit den sozialen und wirtschaftlichen Folgen der COVID-19-Krise und zur Stärkung des Wachstumspotenzials der EU-Volkswirtschaften	750 Mrd. € (Preise von 2018), davon für Aufbau- und Resilienzfazilität: 723,8 Mrd. € (Zuschüsse: 338 Mrd. €*, Darlehen: 385,8 Mrd. €)
Ukraine-Fazilität	2024	Hilfeleistung bei Erholung, Wiederaufbau und Modernisierung der Ukraine im Rahmen des MFR 2021–2027	50 Mrd. €
SAFE-Programm	2025	Stärkung der europäischen Verteidigungsbereitschaft bis 2030	150 Mrd. €

Finanzhilfepaket für die Ukraine	2025/2026	Unterstützung für den Haushalts- und Militärbedarf der Ukraine in den Jahren 2026 und 2027	90 Mrd. €
nachrichtlich:			
– Krisenreaktionsmechanismus	2028 bis 2034	Hilfestellung, um unvorhergesehenen Ereignissen und Notlagen schnell und wirksam begegnen zu können; abgesichert durch Anhebung der Eigenmittelobergrenzen um 0,25 % des EU-BNE	350 Mrd. €–395 Mrd. €
– Catalyst Europe		Förderung strategischer Investitionen im Rahmen europäischer Prioritäten (Verteidigung, Klima, Digitalisierung)	150 Mrd. €
– Ukraine-Fazilität		Weitere Unterstützung bei Modernisierung und Wiederaufbau des Landes abhängig von der Umsetzung vereinbarter Reformen	100 Mrd. €

* aufgestockt 2023 auf 357 Mrd. € im Rahmen von REPowerEU

Tab. 13: EU-Verschuldungsinstrumente | Quelle: Europäischer Rechnungshof 2023, S. 9, Deutscher Bundestag 2024, S. 7–14, European Commission 2025b, 2026a

Erfolgt die Emission von Anleihen durch die Kommission im Namen der EU als Kreditaufnahme für aufeinanderfolgende Darlehen (Back-to-back-Finanzierung), geht jedes Anleihegeschäft mit einer einzigen Auszahlung einher und die begünstigten Länder erhalten die Finanzmittel zu denselben Kosten und Fristen wie die von der Kommission begebenen EU-Anleihen. Die Rückzahlung dieser Kredite obliegt dem jeweiligen Mitgliedstaat.

Bei dem von der Europäischen Kommission (2021) angenommenen neuen Konzept zur Finanzierung von NGEU („diversifizierte Finanzierungsstrategie“) werden Zeitplan, Volumen und Fälligkeit der Anleihetransaktionen losgelöst vom Zeitpunkt der Auszahlung dieser Mittel festgelegt (vgl. Europäischer Rechnungshof 2023, S. 8–10). Seit 2023 gilt in Erweiterung der diversifizierten Strategie ein einheitlicher Finanzierungsansatz (vgl. European Commission 2026b), in dessen Rahmen die Europäische Kommission EU-Anleihen mit einheitlicher Marke (EU-Bonds label) emittiert und die Erlöse einem zentralen Finanzierungspool zuweist, aus dem die EU-Programme realisiert werden (vgl. Deutscher Bundestag 2024, S. 15). Bei nicht rückzahlbaren Zuschüssen an Mitgliedsländer – wie im Fall von NGEU – werden die Gemeinschaftsschulden über den EU-Haushalt bedient.

Insgesamt hatte die Union Ende Juni 2025 ausstehende EU-Anleihen (Bonds) im Wert von 661,6 Mrd. € mit einer durchschnittlichen Restlaufzeit von etwa zwölf Jahren; die ausstehenden EU-Bills (Anleihen mit kurzfristiger Laufzeit von 3, 6 und 12 Monaten) beliefen sich zu diesem Zeitpunkt auf 33,3 Mrd. € (vgl. European Commission 2025c). Die Werte zu Ende März 2026 betragen 746 Mrd. € (Bonds) und knapp 40 Mrd. € (Bills) (vgl. European Commission 2026c, S. 26–27).

10.3.2 Debatte um Gemeinschaftsverschuldung der EU

Die Aufnahme gemeinschaftlicher Schulden durch die EU ist nicht unumstritten (vgl. König 2022, 2024, Issing/Weidmann 2026). Anknüpfend an das Wiederaufbauprogramm NGEU mit schuldenfinanzierten Transfers an die Mitgliedsländer bewegt sich die kontroverse Diskussion im Spannungsfeld von europäischem Zusammenhalt und nationaler Haushaltsdisziplin.

Jenseits der Überwindung der COVID-19-Pandemie war nicht zuletzt Ziel des Aufbaufonds, produktivitätssteigernde Investitionen und Reformen in den Mitgliedstaaten zu ermöglichen, um damit Wachstumskräfte in der Europäischen Union freizusetzen (vgl. Europäische Zentralbank 2024). Die Verteilung der Mittel nach der Schwere der Krisenbetroffenheit sollte dazu beitragen, der wirtschaftlichen Spaltung Europas zu begegnen und die Kohäsion nachhaltig abzusichern.

Zu beachten ist der bestehende Ordnungsrahmen der Union, der dezentral ausgestaltet ist (Grundsatz der Subsidiarität) mit fiskalischer Eigenverantwortung der Mitgliedstaaten. Die Ausweitung der Gemeinschaftsverschuldung ohne Existenz einer europäischen Fiskal- oder politischen Union impliziert ein Legitimationsproblem. Ein umfangreiches dauerhaftes Instrument für eine EU-Verschuldung müsste zuvor mit einer Verlagerung nationaler Souveränität auf die EU-Ebene einhergehen, um Haftung und Kontrolle in Balance halten zu können (vgl. Deutsche Bundesbank 2020a, S. 87).

Die lange bestehende Überzeugung, dass die Union nicht befugt ist, im Rahmen ihres Haushalts eine Kreditfinanzierung vorzunehmen, beruhte im Wesentlichen auf dem Grundsatz des Haushaltsausgleichs (Art. 310 Abs. 1 AEUV) und Art. 311 AEUV, wonach der Haushalt unbeschadet der sonstigen Einnahmen vollständig aus Eigenmitteln finanziert wird. Hinzu kommt die „No-Bailout-Klausel“ (Art. 125 Abs. 1 AEUV), nach der die Union nicht für die Verbindlichkeiten der Mitgliedstaaten haftet und nicht für derartige Verbindlichkeiten eintritt. Allerdings kann der Rat einem Mitgliedstaat, der aufgrund von Naturkatastrophen oder außergewöhnlichen Ereignissen, die sich seiner Kontrolle entziehen, von Schwierigkeiten betroffen oder von gravierenden Schwierigkeiten ernstlich bedroht ist, auf Vorschlag der Kommission unter bestimmten Bedingungen einen finanziellen Beistand der Union gewähren (Art. 122 Abs. 2). Anknüpfend an diese Ermächtigungsgrundlage war die Änderung des Eigenmittelbeschlusses mit der Erhöhung der Eigenmittelobergrenze bedeutsam, um sich im Namen der EU zwecks Finanzierung von NGEU verschulden zu können (vgl. Grund/Steinbach 2023). In seiner Entscheidung zum Gesetz über die Ratifizierung des EU-Eigenmittelbeschlusses hat das Bundesverfassungsgericht (Urteil vom 6. Dezember 2 022 – 2 BvR 547/21, 2 BvR 798/21), dass es für eine Aufnahme von Krediten durch die EU am Kapitalmarkt gemäß Unionsrecht einer begrenzten Einzelermächtigung bedarf (Art. 5 Abs. 1, Abs. 2 EUV), die in den Verträgen erteilt worden sein muss. Soweit diese Ermächtigung nicht vorliegt, ist die EU zu einer allgemeinen Kreditfinanzierung nicht berechtigt. Dies gilt jedenfalls mit Bezug auf die Finanzierung des EU-Haushalts durch das System der Eigenmittel. Demgegenüber stehen Kredite, zu deren Aufnahme die Union durch eine ausdrückliche Bestimmung des Primärrechts ermächtigt ist. Eine begrenzte und zweckgebundene Kreditaufnahme, die nicht der allgemeinen Haushaltsfinanzierung dient („externe zweckgebundene Einnahmen"), kann daher als zulässig angesehen werden (vgl. Deutscher Bundestag 2024, S. 4–7).

Vor dem Hintergrund der durch NGEU erstmals eingeführten schuldenfinanzierten Transfers wird vor der Gefahr eines Ratchet-Effektes gewarnt, dass die Maßnahme als einmaliges, befristetes Notfallinstrument konzipiert zukünftig dauerhaft eingesetzt werden könnte (vgl. Bundesrechnungshof 2021, S. 16–17). In der Krise lassen sich leichter politische Veränderungen durchsetzen, die zuvor nicht möglich gewesen wären. Die Diskussion über eine Wiederholung oder permanente Etablierung von NGEU (vgl. Allemand/Creel/Leron u. a. 2023, Becker 2023) weist auf den bekannten Niveauverschiebungseffekt (Peacock/Wiseman) hin, nach dem es in politisch unruhigen Zeiten zu einem Anstieg der Fiskalvariablen kommt, die nach Überwindung der Krise nicht mehr auf ihren Ausgangspfad zurückfallen, sondern sich von einem höher gelegenen Plateau aus weiterentwickeln (vgl. Zimmermann/Henke/Broer 2024, S. 36).

Durch die gemeinsame Verschuldung wie beim NGEU-Programm übernehmen die Mitgliedstaaten ein beträchtliches Haftungsrisiko. Die Schuldenaufnahme erfolgt formal zwar auf der EU-Ebene, aber die Mitgliedstaaten stehen für die Rückzahlung durch ihre Beiträge zum Haushalt der EU ein. Kann ein Mitgliedsland seinen Zahlungsverpflichtungen nicht nachkommen, besteht Nachschusspflicht der übrigen Mitgliedstaaten. Dies kann zu Moral-Hazard-Verhalten führen und die Anreize für nationale Reformen und Haushaltsdisziplin beeinträchtigen, was die langfristige Schuldentragfähigkeit gefährden würde. Die Bedienung der NGEU-Schulden ist über einen 30-jährigen Zeitraum bis zum Jahr 2058 vorgesehen, was mit einer beträchtlichen Belastung zukünftiger Haushalte einhergeht und etwa im Falle von Zinsänderungen den finanziellen Spielraum für andere Aufgaben einengen kann. Ein professionelles Rollover-Schuldenmanagement bei NGEU ist daher erforderlich.

Transparenz und Kontrolle der öffentlichen Finanzen könnten ferner erschwert sein, wenn die Ausgaben eines Mitgliedstaates über schuldenfinanzierte EU-Transfers erfolgt anstelle einer nationalen Kreditfinanzierung. Soweit diese Verschuldung auf EU-Ebene nicht in den nationalen Statistiken erscheint (vgl. Deutsche Bundesbank 2020b), führt dies zu einer Unterschätzung der tatsächlichen finanziellen Verpflichtungen eines Landes. Auch die europäischen Schulden engen den fiskalischen Spielraum der Mitgliedstaaten ein (vgl. Heinemann/Moessinger 2024). Hinzu kommt für die Mitgliedsländer die Möglichkeit, auf EU-Ebene Schulden aufzunehmen und sich diese Mittel unter Umgehung der Fiskalregeln über EU-Programme wieder zurückzuüberweisen (vgl. Bundesrechnungshof 2021, S. 24–30).

Abgesehen von dem Hinweis darauf, dass Gemeinschaftsschulden auch ein Zeichen von europäischer Solidarität sind, die zur gemeinsamen Bewältigung von Krisensituationen beitragen, wird zugunsten der EU-Verschuldung allerdings die Möglichkeit zur Finanzierung von Großprojekten angeführt, die für die einzelnen Mitgliedstaaten eine Überforderung darstellen. Die gemeinsame Aufnahme von Kapitalmarktmitteln hilft, den enormen Investitionsbedarf Europas in den Bereichen Sicherheit, digitale und ökologische Transformation sowie Innovation zu decken. Aus dem internationalen Vergleich der Staatsschuldenquoten mit Werten von 125,5 % für die USA und von 244,9 % für Japan (Jahr 2025) einen fiskalischen Spielraum für die EU ableiten zu wollen, ist wegen unterschiedlicher Rahmenbedingungen nicht zielführend. Während für Europa der Stabilitäts- und Wachstumspakt zur Gewährleistung der Währungsstabilität gilt, wird die USA durch die Stellung des Dollar als Weltreservewährung begünstigt und Japan durch den ausgesprochen geringen Anteil an ausländischen Gläubigern der Staatsschulden.

An Mitgliedstaaten weitergereichte EU-Darlehen, die durch gemeinsame Anleihen finanziert werden, sind mit Zinsvorteilen verbunden, da die EU günstigere Konditionen erzielt als einzelne Mitgliedsländer mit geringerer Bonität. Vor allem wirtschaftlich schwächere oder hoch verschuldete Staaten profitieren davon. Tatsächlich zeigt sich am Beispiel der NGEU-Kreditinanspruchnahme, dass kein Staat, dem selbst günstigere Refinanzierungsbedingungen als der Union eingeräumt werden, an diesen EU-Darlehen interessiert war (vgl. Heinemann 2024, S. 305–307).

Mit der Emission von EU-Anleihen, insbesondere im Rahmen von NGEU, verbindet sich die Hoffnung, einen echten europäischen Referenzmarkt für sichere Anlagen („Safe Assets“) zu schaffen, der als Benchmark für die Preisgestaltung anderer Finanzprodukte dienen, einer Fragmentierung der europäischen Staatsanleihemärkte entgegenwirken und die internationale Rolle des Euro als Reservewährung stärken könnte (vgl. Sachverständigenrat zur Begutachtung der gesamtwirtschaftlichen Entwicklung 2025, S. 167–177, Subran/Hirsch/Krizan u. a. 2026).

10.4 Schlussbemerkung

Das NextGenerationEU-Programm stellt einen historischen Wendepunkt in der europäischen Fiskalpolitik dar, der die Hemmschwelle für eine gemeinsame Schuldenaufnahme auf EU-Ebene gesenkt hat. Eine Verstetigung dieses Instruments ist wegen starker politischer Vorbehalte nicht zu erwarten. Angesichts der finanziellen Realitäten dürfte sich für die Frage einer zukünftigen Gemeinschaftsverschuldung im Ergebnis ein politischer Kompromiss abzeichnen. Statt eines allgemeinen Wiederaufbaufonds werden zeitlich befristete Fonds für Investitionen in die strategische Autonomie und Infrastruktur geschaffen (vgl. Scazzieri/Tordoir 2024, Hildebrand/Rey/Schularick 2026), die über gemeinsame Anleihen finanziert werden. Je klarer die Zweckbindung, je stärker die parlamentarische Kontrolle und je transparenter die Rückzahlung ist, desto eher ist ein Konsens wahrscheinlich.

Literatur

Allemand, Frédéric/Creel, Jérôme/Leron, Nicolas/Levasseur, Sandrine/Saraceno, Francesco (2023): Making Next Generation EU a permanent tool, Policy Study, Recovery Watch, The Foundation for European Progressive Studies, Friedrich-Ebert-Stiftung and the Institut Emile Vandervelde, Brüssel

Becker, Peter (2023): Ein europäischer Hamilton-Moment? Der Corona-Wiederaufbaufonds der EU und die Weiterentwicklung der europäischen Integration, SWP-Studie 17, Berlin

Bundesministerium der Finanzen (2024): Reform des Europäischen Stabilitäts- und Wachstumspakts, in: Monatsbericht Mai 2024, S. 8–12

Bundesministerium der Finanzen (2025): Entwicklung der öffentlichen Finanzen, Internet: https://www.bundesfinanzministerium.de/Web/DE/Themen/Oeffentliche_Finanzen/Stabilitaetspolitik/Entwicklung_Oeffentliche_Finanzen/entwicklung_oeffentliche_finanzen.html

Bundesministerium der Finanzen (2026): Monatsbericht März 2026, Berlin

Bundesrechnungshof (2021): Bericht nach § 99 BHO zu den möglichen Auswirkungen der gemeinschaftlichen Kreditaufnahme der Mitgliedstaaten der Europäischen Union auf den Bundeshaushalt (Wiederaufbaufonds), Bonn

Deutsche Bundesbank (2017): Zur Ausgestaltung und Umsetzung der europäischen Fiskalregeln, in: Monatsbericht Juni 2017, S. 29–45

Deutsche Bundesbank (2020a): EU- Haushalt: Einigung auf Mehrjährigen Finanzrahmen 2021 bis 2027 und coronabedingten Extrahaushalt „Next Generation EU", in: Monatsbericht August 2020, S. 83–87

Deutsche Bundesbank (2020b): Zur Aussagekraft nationaler Fiskalkennzahlen bei Verschuldung auf der europäischen Ebene, in: Monatsbericht Dezember 2020, S. 39–49

Deutscher Bundestag (2020): Drucksache 19/24213, 11.11.2020

Deutscher Bundestag (2024): Ausarbeitung. Aufnahme von Gemeinschaftsschulden durch die Europäische Union, Unterabteilung Europa, Fachbereich Europa, EU 6 – 3000 – 046/24

Draghi, Mario (2025): The future of European competitiveness Part A | A competitiveness strategy for Europe, September 2024, Luxemburg

European Commission (2025a): Debt Sustainability Monitor 2024, Institutional Paper 306, Luxemburg, Internet: https://economy-finance.ec.europa.eu/ecfin-publications_en

European Commission (2025b): Statement by President von der Leyen on the next long-term EU budget, Statement/25/1851, 16 July 2025, Brüssel

European Commission (2025c): Report from the Commission to the European Parliament and the Council. Half-yearly report on the implementation of borrowing, debt management and related lending operations pursuant to Article 13 of Commission Implementing Decision C(2023)8010. 1 January 2025 to 30 June 2025, COM(2025) 588 final, Brüssel

European Commission (2026a): EU financial assistance, Internet: https://economy-finance.ec.europa.eu/eu-financial-assistance_en

European Commission (2026b): How EU issuance works, Internet: https://commission.europa.eu/strategy-and-policy/eu-budget/eu-borrower-investor-relations/how-eu-issuance-works_en

European Commission (2026c): EU Investor Presentation. Investing in EU-Bonds & EU-Bills, Internet: https://commission.europa.eu/document/download/9cbfa1da-2198-4ad7-9846-233eca7397a8_en?filename=EU%20Investor%20Presentation%20March%202026.pdf

Europäische Kommission (2020): Mitteilung der Kommission an den Rat über die Aktivierung der allgemeinen Ausweichklausel des Stabilitäts- und Wachstumspakt, COM(2020) 123 final, Brüssel

Europäische Kommission (2021): Mitteilung der Kommission an das Europäische Parlament und den Rat über eine neue Finanzierungsstrategie zur Finanzierung von NextGenerationEU, COM(2021) 250 final, Brüssel

Europäischer Rechnungshof (2023): NGEU-Schuldenmanagement bei der Kommission: Ermutigender Start, aber weitere Angleichung an bewährte Verfahren erforderlich. Sonderbericht 16, Luxemburg

Eurostat (2025): Defizit/Überschuss, Schuldenstand des Staates und damit zusammenhängende Daten, Datencode: gov_10dd_edpt1, 21.10.2025, Internet: DOI:10.2908/gov_10dd_edpt1

Europäische Zentralbank (2024): Four years into the Next Generation EU programme: an updated preliminary evaluation of its economic impact. Prepared by Krzysztof Bańkowski, Nicholai Benalal, Othman Bouabdallah, Roberta De Stefani, Christian Huber, Pascal Jacquinot, Carolin Nerlich, Marta Rodríguez-Vives, Bela Szörfi, Nico Zorell and Christoph Zwick, Economic Bulletin, Issue 8, Internet: https://www.ecb.europa.eu/press/economic-bulletin/html/eb202408.de.html#toc26

Geslin, Laurent (2026): Macron pushes for EU joint debt ahead of competitiveness summit, in Euractiv, 10. Februar 2026, Internet: https://www.euractiv.com/news/macron-pushes-for-eu-joint-debt-as-bloc-ahead-of-competitiveness-summit/

Grund, Sebastian/Steinbach, Armin (2023): European Union debt financing: leeway and barriers from a legal perspective, Working Paper 15/2023, Bruegel

Heinemann, Friedrich (2024): Die Schuldenfinanzierung von NextGenerationEU: Gekommen, um zu bleiben?, in: integration, 04/24, S. 294–312

Heinemann, Friedrich/Moessinger, Marc-Daniel (2024): Intransparente EU-Verschuldung: Deutschlands Anteil liegt bei 262 Milliarden Euro, ZEW policy brief, Nr. 05, Mannheim

Hildebrand, Philip/Rey, Hélène/Schularick, Moritz (2026): Ein Vorschlag zur Governance und Finanzierung der europäischen Verteidigung, Kiel Policy Brief Nr. 199

International Monetary Fund (2025): Regional Economic Outlook. Europe, Overcoming Europe's Policy Drift: From Recognition to Action, October, Internet: https://www.imf.org/-/media/files/publications//eo/eur/2025/october/english/text.pdf

Issing, Otmar/Weidmann, Jens (2026): Eurobonds bleiben eine fragwürdige Idee, Frankfurter Allgemeine Zeitung, 21. Februar 2026

Janeba, Eckhard/Larch, Martin (2026): Die neuen europäischen Fiskalregeln: Eine Bestandsaufnahme, in: Wirtschaftsdienst, H. 2, S. 104–111

König, Jörg (2022): Europas Schuldenproblem – Wie sich der Gordische Knoten lösen lässt. Argumente zu Marktwirtschaft und Politik, Nr. 164, Stiftung Marktwirtschaft, Berlin

König, Jörg (2024): Europas Sehnsucht nach EU-Schulden, Kurzinformation, Stiftung Marktwirtschaft, Berlin

OECD (2025), OECD Economic Surveys: European Union and Euro Area 2025, OECD Publishing, Paris, Internet: https://doi.org/10.1787/5ec8dcc2-en

Sachverständigenrat zur Begutachtung der gesamtwirtschaftlichen Entwicklung (2020): Corona-Krise gemeinsam bewältigen, Resilienz und Wachstum stärken. Jahresgutachten 20/21, Wiesbaden, Paderborn

Sachverständigenrat zur Begutachtung der gesamtwirtschaftlichen Entwicklung (2025), Perspektiven für morgen schaffen – Chancen nicht verspielen. Jahresgutachten 25/26, Wiesbaden, Frankfurt

Scazzieri, Luigi/Tordoir, Sander (2024): European common debt: Is defence different?, Centre for European Reform, London, Brüssel, Berlin

Subran, Ludovic/Hirsch, Bernhard/Krizan, Patrick/Simon, Dorian (2026): Eurobonds – A window of opportunity for a strategic necessity, Allianz Research, München

Stamer, Vincent (2025): Wie stark steigen die Staatsschulden im Euroraum?, Commerzbank Economic Research, Internet: https://www.commerzbank.de/konzern/newsroom/publikationen/20250703-ei-euroram-schulden.html

Statistisches Bundesamt (2026): Staatsdefizit erhöht sich im Jahr 2025 leicht auf 119,1 Mrd. Euro, Pressemitteilung Nr. 060 vom 25. Februar 2026

Wulff Wold, Jacob/Kurmayer, Nikolaus J./Moller-Nielsen, Thomas (2026): Berlin calls Macron's pitch for more debt a „distraction", in: Euractiv, 10. Februar 2026,

Internet: https://www.euractiv.com/news/berlin-calls-macrons-pitch-for-more-eu-debt-a-distraction/

Zimmermann, Horst/Henke, Klaus-Dirk/Broer, Michael (2024): Finanzwissenschaft. Eine Einführung in die Staatsfinanzen, 14. Aufl., München

11 Konditionalität als neues Instrument der Haushaltspolitik

11.1 Die wachsende Bedeutung von Konditionalität in der europäischen Politik

Ausgaben der EU waren in gewisser Weise schon immer konditional, da die Mittelvergabe an Regeln der Europäischen Union gebunden war. Die Bedeutung der Konditionalität ist in den vergangenen Jahren gewachsen. In Ausgaben- und Förderprogrammen der EU werden besondere Bedingungen formuliert, deren Beachtung Voraussetzung für Zahlungen sind. In der Staatsschuldenkrise Griechenlands wurden Hilfszusagen von der Erfüllung bestimmter makro- und mikroökonomischer Reformmaßnahmen abhängig gemacht. In der Agrarpolitik müssen Zahlungsempfänger eine Vielzahl von Standards beachten. Partnerländer im Globalen Süden müssen sich zur Einhaltung von Sozial- und Umweltstandards verpflichten.

Seit 2021 gibt es eine formal legitimierte neue Form der Konditionalität: Länder erhalten nur bei Sicherstellung der Beachtung bestimmter rechtsstaatlicher Prinzipien Zahlungen aus dem EU-Haushalt. Auch in dem Vorschlag der Kommission für den künftigen Mehrjährigen Finanzrahmen bekennt sich die EU zu dem Prinzip der „Konditionalität“: Die Freigabe von Fördermitteln wird daran geknüpft, dass Empfänger von Haushaltsmitteln im Rahmen nationaler Reformpläne die Beachtung vereinbarter Regelungen sicherstellen, spezifische Maßnahmen umsetzen oder konkrete Bedingungen erfüllen.

Die Bedeutung der Konditionalität für die Europäische Union resultiert aus ihrem Charakter als Werte-, Rechts- und Wirtschaftsgemeinschaft. Mit dem Beitritt zur Europäischen Union verpflichten sich Staaten zur Beachtung und Umsetzung des „gemeinsamen Besitzstandes“ („acquis communautaire“). Dieser ergibt sich vor allem aus den primärrechtlichen Regelungen, den Verordnungen und Richtlinien, weiteren Rechtsvorschriften und Urteilen des Europäischen Gerichtshofes. Diese Regeln, denen die Mitgliedstaaten bei ihrem Beitritt zugestimmt haben oder die nach Beitritt im Rahmen ordentlicher Gesetzgebungsverfahren verabredet wurden, stellen eine unverzichtbare Grundlage für die Entwicklung der Union dar. Sie sind die conditio sine qua non für Solidarität, Fairness und Kooperation in der Union.

11.2 Eine Klassifikation der Konditionalität

Konditionalität kann nach dem Bereich differenziert werden, für den Konditionen formuliert werden (vgl. Becker 2022, Coman 2023): Die Vorgaben können beispielsweise den Rechtsstaat, makroökonomische oder auch umweltbezogene Handlungsfelder betreffen. Konditionalität kann danach unterschieden werden, ob im Voraus Bedingungen zu erfüllen sind und Leistungen davon abhängen (Ex-ante-Konditionalität) oder ob am Ende eines Prozesses bestimmte Ziele erreicht worden sind (Ex-post-Konditionalität). Konditionalität kann sich aus dem Primärrecht, dem Sekundärrecht oder politischen Verpflichtungen ergeben, mit harten Sanktionen einhergehen oder eher weich formuliert werden, durch diskretionäre Spielräume auf der Seite der EU-Organe geprägt sein oder regelgebunden erfolgen. Die Entscheidungskompetenz kann bei der EU-Kommission, dem Europäischen Rat oder gemeinsam bei Europäischem Rat und Europäischem Parlament liegen. Sanktionen können anreizorientiert (Zahlungen zusätzlicher Mittel) oder restriktiv (Entzug von Mitteln) sein. Schließlich kann auch unterschieden werden nach der Zielgruppe: diese können Länder oder auch Staatengruppen sein, sub-nationale Einheiten, Behörden oder auch Einzelpersonen. Die folgende → Tab. 14 fasst die Typologie der Konditionalität zusammen.

Kategorie	Inhalte
Form der Anwendung	• positive Konditionalität, d. h. finanzielle oder politische Anreize • negative (punitive) Konditionalität, d. h. Sanktionen bzw. Einfrieren oder Entzug von Förderung oder Unterstützung
Zeitpunkt der Anwendung	• ex ante, d. h. die vereinbarte Anpassungsleistung muss vom Adressaten der Konditionalität vor der Gewährung von Anreizen oder der Durchsetzung von Sanktionen implementiert werden • ex post, d. h. nach der Implementierung der vereinbarten Anpassungsleistung und der Überprüfung durch den Anbieter der Konditionalität

Rechtscharakter und Status der Konditionalität	• primärrechtliche Verankerung der Konditionalität in den europäischen Verträgen • sekundärrechtliche Verankerung der Konditionalität in Verordnungen oder Richtlinien der EU • implizite Konditionalität in Form politischer Verpflichtungen
Häufigkeit der Anwendung	• singuläre Anwendung der Konditionalität • mehrmalige Anwendung der Konditionalität • periodische Anwendung der Konditionalität • kontinuierliche Anwendung der Konditionalität
materielle Reichweite	• regulative Konditionalität (bezogen auf ein Politikfeld) • politikfeldübergreifende Konditionalität • grundsätzliche Konditionalität (bezogen auf System- und Strukturfragen)
prozessuale Reichweite	• ergebnisorientierte Konditionalität • prozess- bzw. handlungsbezogene Konditionalität
Entscheidungsebene	• Europäische Kommission • Rat der Europäischen Union und Europäisches Parlament • Europäischer Rat
Dauer der Konditionalität	• einmalige Konditionalität • längere Dauer, aber befristete Konditionalität • dauerhafte und unbefristete Konditionalität
Funktion der Konditionalität	• Umsetzungsfunktion • Regulierungsfunktion • Politikimplementierungsfunktion (Governance-Funktion) • institutionelle Funktion • Kompetenzerweiterungsfunktion

Tab. 14: Kennzeichen der Konditionalität in der Europäischen Union | Quelle: Becker 2022, Coman 2023

11.3 Ausgewählte Formen der Konditionalität in der Politik der EU

11.3.1 Konditionalität im Beitrittsprozess neuer Mitgliedstaaten

Die Aufnahme neuer Mitglieder ist mit Bedingungen versehen. Die Kopenhagener Kriterien wurden 1993 vom Europäischen Rat verabschiedet und im Jahr 1995 weiter präzisiert. Sie stellen klar, welche Erwartungen die Mitgliedstaaten an Neumitglieder haben: Länder müssen die institutionelle Stabilität haben, welche als Garantie für eine demokratische und rechtsstaatliche Ordnung dienen. Sie müssen sich zur Wahrung, der Achtung und dem Schutz der Menschenrechte verpflichten. Die Beitrittsländer müssen über eine funktionsfähige Marktwirtschaft verfügen, welche dem Wettbewerbsdruck und den Marktkräften standhalten kann. Und sie müssen die Fähigkeit besitzen, den gemeinsamen Besitzstand umzusetzen und die Ziele der politischen Union und der Wirtschafts- und Währungsunion zu teilen. Diese Form der Formulierung von Bedingungen im Fall der geplanten Erweiterung der Union kann als „Eintrittskonditionalität“ oder „Erweiterungskonditionalität“ bezeichnet werden (vgl. Becker 2025, S. 10).

11.3.2 Makroökonomische Konditionalität: die Herausforderungen der Währungsunion

Die Zusammenarbeit der europäischen Staaten in der Geld- und Währungspolitik ist ein besonderes Beispiel der gemeinsamen Verständigung auf die Einführung des Konditionalitätprinzips. Durch die Abschaffung nationaler Währungen und den Verlust des Instrumentes der Wechselkursanpassungen und spezifischer nationaler Zinssätze ist wirtschaftspolitische Konvergenz von zentraler Bedeutung für die Stabilität der Währungsgemeinschaft. Die Maastricht-Kriterien reflektierten die Einsicht, dass Konditionen für den Eintritt in die Währungsunion und deren Stabilität notwendig sind. Die mit dem Beitritt zur Währungsunion verbundenen Bedingungen sind unter anderem in Artikel 140 des Vertrages über die Arbeitsweise der Europäischen Union (AEUV) und im Protokoll Nr. 13 im Anhang des AEUV festgehalten und stehen beispielhaft für die Verständigung auf makroökonomische Konditionalität.

Die Staatsschuldenkrise insbesondere in Griechenland und die Zusammenarbeit der Europäischen Kommission, der Europäischen Zentralbank und des Internationalen Währungsfonds bei der Bewältigung der Herausforderung zeigten die hohe Komplexität einer durch Konditionalität geprägten Politik. Der IWF war mit der Aufgabe, Unterstützung von der Zusage von Reformen abhängig zu machen, lange vertraut und verfügt über Konditionalitätsrichtlinien. Für die Union war die Problematik neu (vgl. Cochrane/Garicano/Masuch 2025, S. 146–149). Es gab in Europa keinen Konsens über die richtige makroökonomische Reaktion. Und es gab erheblichen Dissens über die Angemessenheit der Überwachung der vereinbarten Maßnahmen.

Die EU ergriff mehrere gesetzgeberische Regelungen, die mit dem Begriff „Sixpack“ und „Twopack“ zusammengefasst werden, welche den Stabilitäts- und Wachstumspakt reformierten und eine Verständigung auf Ziele, Standards und scharfe Sanktionen brachten (vgl. Sachverständigenrat zur Begutachtung der gesamtwirtschaftlichen Entwicklung 2012/2013, S. 117–128). Weitere Schritte zur Reform des Stabilitäts- und Wachstumspaktes wurden später ergriffen. Am 30. April 2024 sind neue Regeln des reformierten Stabilitäts- und Wachstumspaktes in Kraft getreten, mit Änderungen bei wichtigen Details des präventiven Arms und des korrektiven Arms (vgl. Bundesministerium der Finanzen 2024, S. 8–12). Das System der Haushaltsüberwachung und der wirtschaftspolitischen Steuerung weist dem „Europäischen Semester“ eine zentrale Rolle zu: dort findet der Dialog zwischen den Mitgliedstaaten und der Kommission statt.

Seit dem Mehrjährigen Finanzrahmen 2014–2020 gibt es eine Verknüpfung der Einhaltung der Konvergenzkriterien mit der Auszahlung von Strukturfonds. Das Europäische Semester schafft ein regelmäßiges Forum für den Dialog über notwendige Reformprozesse. „Die Fördergelder und Strukturfonds dienen der EU als Hebel, um die Nicht-Umsetzung ihrer wirtschafts- und fiskalpolitischen Ziele mit finanziellen Sanktionen zu belegen“ (Becker 2025, S. 17).

11.3.3 Politische Konditionalität und Rechtsstaatlichkeit

Implizit waren frühere Beitrittsprozesse von der Überzeugung geprägt, dass nach Aufnahme in die Union die Stärke der demokratischen Ordnung und die Stärke rechtsstaatlicher Strukturen sukzessive an Kraft gewinnen würden. Diese Erwartung hat sich nicht bestätigt. In vielen Staaten der Union, nicht allein im Osten Europas, ist die politische Entwicklung durch Volatilität und auch Rückschritte geprägt. Diese Entwicklung stellt nicht nur für diese Länder eine Herausforderung dar, sondern beeinträchtigt auch das Handeln der EU, ob in Fragen des ordnungsgemäßen Umgangs mit den von der EU bereitgestellten Ressourcen, ob mit außenpolitischen Fragen oder der Weiterentwicklung der Union. Insbesondere die rechtsstaatlichen und politischen Entwicklungen in Ungarn, Polen, der Slowakei und der Tschechischen Republik haben zu der Entwicklung eines neuen Instrumentes geführt. Im Jahr 2020 wurde eine als „Konditionalitätsverordnung“ bezeichnete sekundärrechtliche Regelung verabschiedet (ABl. L 433I vom 22.12.2020, S. 1–10), welche die EU bei Verstößen gegen die Grundsätze der

Rechtsstaatlichkeit in die Lage versetzt, Zahlungen auszusetzen oder andere Maßnahmen zu ergreifen (vgl. Huemer/Ioannides/Monda 2025, S. 1–3). In dem ersten Verfahren gemäß dieser Verordnung gegen den Mitgliedstaat Ungarn stellt die Kommission weit verbreitete Schwächen und Risiken fest, die eine Gefährdung für den Unionshaushalt darstellen. Beschlossen wurde die Aussetzung eines erheblichen Teils der Mittelbindungen für Programme im Rahmen der Kohäsionspolitik (vgl. Council of the European Union 2024).

11.3.4 Umweltbezogene und soziale Konditionalität in der Agrarpolitik

Ausgaben in der Säule Agrarpolitik sind an die Beachtung von Bedingungen geknüpft. Die Verordnung (EU) 2021/2115 verknüpft die Gewährung von Agrarzahlungen an die Befolgung von Vorschriften im Bereich Klima und Umwelt, öffentliche Gesundheit und Pflanzengesundheit sowie Tierschutz. Bei Nicht-Einhaltung der Verpflichtungen kann es zu Kürzungen der Zahlungen kommen. Darüber hinaus wurde in einer Reform der Gemeinsamen Agrarpolitik das GAP-Konditionalitäten-Gesetz um die „soziale Konditionalität" ergänzt: die Regeln zu den Arbeitsbedingungen, dem Gesundheitsschutz und der Sicherheit müssen zwingend beachtet werden; Verstöße dagegen werden geahndet. Das Gesetz zur Änderung des GAP-Konditionalitäten-Gesetzes und des GAP-Direktzahlungen-Gesetzes wurde im Jahr 2024 vom Bundestag beschlossen (BGBl. 2024 I Nr. 389 vom 05.12.2024).

11.3.5 Konditionalität in der Handelspolitik

In den Handelsabkommen der EU ist es seit vielen Jahren üblich, dass die EU die Beachtung von Standards insbesondere in den Bereichen Umwelt und Soziales festschreibt (vgl. Garcia 2025, S. 671–673). Diese Form der Konditionalität wird kontrovers diskutiert, wie die öffentliche Debatte über das Handelsabkommen der EU mit Mercosur zeigte. Während die Einen klare und häufig konkrete, weitergehende und mit schärferer Überwachung verbundene Maßnahmen fordern, sehen die Anderen die Vorgabe europäischer Standards für Länder des Globalen Südens als nicht angemessen an. Auch der Vorwurf neokolonialer Methoden steht im Raum (vgl. Govaert 2024).

11.4 Die Vorstellungen der Union für den Mehrjährigen Finanzrahmen 2028–2034

Die Kommission verweist in dem Vorschlag für den Mehrjährigen Finanzrahmen ab 2028 vor allem auf die Notwendigkeit der Beachtung der Rechtsstaatlichkeit hin und stellt das in einen unmittelbaren Zusammenhang mit dem Schutz der finanziellen Interessen der Union. Die Einhaltung rechtsstaatlicher Grundsätze soll als Voraussetzung für Finanzzahlungen gestärkt werden. Die nationalen und regionalen Partnerschaftspläne sollen dafür ein zentrales Instrument werden (vgl. Europäische Kommission 2025, S. 30). Durch die Förderung zivilgesellschaftlicher Organisationen werden gezielt die Kräfte unterstützt, die sich für die Wahrung der Rechtsstaatlichkeit einsetzen. Die Konditionalitätsverordnung wird als zentrales Bollwerk verstanden, durch das sämtliche EU-Programme geschützt werden (vgl. Europäische Kommission 2025, S. 31).

11.5 Die Rolle der Konditionalität im Spannungsfeld

Die sukzessive Entwicklung eines Systems, eines „Konditionalitätsregimes“ (vgl. Coman 2023) wird vor dem Hintergrund der weitreichenden Konsequenzen kontrovers diskutiert.

Befürworter der wachsenden Bedeutung der Konditionalität sehen die Union in der Verantwortung, angesichts der Risiken von Staatsschuldenkrisen, der Gefahren des Rückschritts der Qualität der demokratischen Ordnung, von Korruption und Misswirtschaft bei der Verausgabung europäischer Mittel und angesichts von ökologischen und sozialen Herausforderungen auf Fehlentwicklungen zu reagieren. Die Weiterentwicklung der Konditionalitätsinstrumente im Kontext von Beitrittsverfahren, makroökonomischen Fragen und Herausforderungen politischer Natur wird als konsequente Reaktion auf die unterschiedlichen Krisen gesehen. Differenzierte Lösungen sind möglich und wurden gewählt. Die Schaffung des rechtlichen Rahmens ist erfolgt. Befürworter der Konditionalität sehen auch Augenmaß bei der Anwendung der Instrumente, sei es auf der Seite der Kommission, des Rates und des Parlamentes oder des Europäischen Rates. Insbesondere mit Blick auf die gesellschaftspolitische Realität in einigen osteuropäischen Ländern wird ein resoluteres und schärferes Vorgehen eingefordert.

Aus einer kritischen Perspektive kann eingewendet werden, dass die Etablierung eines effektiven Systems von Konditionen ein höchst komplexes Unterfangen ist: Die zunehmende Zahl von Bedingungen kann nicht garantieren, dass das Ziel erreicht wird (vgl. Coman 2023, S. 20). Aus einer ordnungspolitischen Perspektive ist die Frage berechtigt, ob die Steuerungsphilosophie der Kommission in der Wirtschafts- und Sozialpolitik, in der Agrarpolitik nicht durch eine Überschätzung der eigenen Planungskompetenz geprägt ist und am Ende eine Bürokratie schafft, welche die europäische Gesellschaft nicht stärker, sondern schwächer macht. Insbesondere die Debatte über die makroökonomische Konditionalität in der Staatsschuldenkrise und die anhaltende Debatte über die Maastricht-Kriterien zeigen, dass sich die Vorstellungen von richtiger und guter Wirtschaftspolitik in vielen Fällen legitim unterscheiden können. Kritiker sehen die Gefahr, dass die Organe der EU hier ihren Kompetenzbereich überschreiten.

Literatur

Becker, Peter (2022): Konditionalität als Instrument europäischer Governance. Typen, Ziele, Instrumente, SWP-Studie 6, Berlin

Becker, Peter (2025): Die Zukunft der Europäischen Kohäsionspolitik. Wege der Reform, SWP-Studie 5, Berlin

Bundesministerium der Finanzen (2024): Reform des Europäischen Stabilitäts- und Wachstumspakts, in: Monatsbericht Mai 2024, S. 8–12

Cochrane, John H./Garicano, Luis/Masuch, Klaus (2025): Crisis Cycle – Challenges, Evolution, and Future of the Euro, Princeton University Press, Princeton, Oxford

Coman, Ramona (2023): Increasing the policy effectiveness through renewed conditionality mechanisms, Final Report, Future of Cohesion Policy. Group of high-level Specialists, Brüssel

Council of the European Union (2024): Communication from the Commission to the European Parliament and the Council on the application of Regulation (EU, Euratom) 2020/2092 of the European Parliament and of the Council of 16 December 2020 on a general regime of conditionality for the protection of the Union budget, COM(2024) 17 final/2, Brüssel, Internet: https://data.consilium.europa.eu/doc/document/ST-5410-2024-REV-1/en/pdf

Europäische Kommission (2025): Mitteilung der Kommission an das Europäische Parlament, den Europäischen Rat, den Rat, den Europäischen Wirtschafts- und Sozialausschuss und den Ausschuss der Regionen, Ein dynamischer EU-Haushalt für die Prioritäten der Zukunft – der Mehrjährige Finanzrahmen 2028–2034, COM(2025) 570 final, Brüssel

Garcia, Maria (2025): Implementation of trade and sustainable development chapters in EU free trade agreements: promoting environmental reforms?, in: Journal of Environmental Policy & Planning, vol. 27 (6), S. 671–686, Internet: https://doi.org/10.1080/1523908X.2025.2489534

Govaert, Laura (2024): Neocolonialism in disguise? The European Commission's trade and sustainable development discourse, in: European Foreign Affairs Review, vol. 29 (3), S. 331–360

Huemer, Marie-Astrid/Ioannides, Isabelle/Monda, Mafalda (2025): Rule of Law Conditionality Regulation – European Implementation Assessment, EPRS, European Parliament, PE 774.664

Sachverständigenrat zur Begutachtung der gesamtwirtschaftlichen Entwicklung (2012/2013): Stabile Architektur für Europa – Handlungsbedarf im Inland, Jahresgutachten 2012/13, Wiesbaden

12 Der Haushalt der Europäischen Union als Reflex künftiger politischer Entwicklungen

Die Europäische Kommission hat mit dem Auftakt zur Erarbeitung eines neuen Mehrjährigen Finanzrahmens den für die Zukunft der EU wichtigen Prozess der Ausarbeitung des finanziellen Rahmens für die Aktivitäten der nächsten Jahre angestoßen. Die Vorbereitung des Entwurfs, die Präsentation des Entwurfs, die Vorgehensweise und die Angebote zur Überarbeitung entsprechen dem Regelwerk, der Tradition und sind der Herausforderung des Managements eines komplexen Veränderungsprozesses im Kontext vieler organisatorischer Interessen auf der Ebene der EU und der Mitgliedstaaten angemessen.

Ziel der Diskussion über den EU-Haushalt muss es sein, effektive Antworten auf die aktuellen Problemlagen zu finden und durch strategische Vorsorge die mittel- bis langfristige Handlungsfähigkeit der Union zu gewährleisten.

Die im Folgenden ausgeführten fünf Aspekte beschreiben Herausforderungen, die in der gegenwärtigen Debatte stärker zu beachten sind und mehr Aufmerksamkeit aller Stakeholder des europäischen Projektes erfordern.

12.1 Offene Fragen auf dem Weg hin zu einer europäischen Industriepolitik

Der Vorschlag für den MFR 2028–2034 öffnet ein Fenster für eine europäische Industriepolitik. Im Kontext des Strebens nach erhöhter Wettbewerbsfähigkeit und wirtschaftlicher Souveränität und mit Blick auf den Erfolg großer Konzerne aus den USA und China wurden die Vorschläge des Letta-Berichtes und des Draghi-Reports, eine aktive Industriepolitik zu verfolgen, positiv aufgenommen. Die öffentliche Zustimmung bezog sich jedoch weitgehend auf die Ziele. Konkrete Fragen der Umsetzung einer europäischen Industriepolitik, Vorschläge für eine geeignete Governance-Struktur für Entscheidungen über konkrete Projekte wurden und werden nur unzureichend diskutiert. Die industriepolitischen Eingriffe in Ländern wie China oder USA können kaum als Modelle dienen. Welcher Instrumentenmix sollte es sein? Welche Reformen an dem marktwirtschaftlichen Regelwerk sind erforderlich? Wie kann öffentliche Beschaffung anders organisiert werden? Wie können strategisch relevante Schlüsselbereiche identifiziert und konkret gefördert werden? Sind starke Eingriffe mit der Offenheit für internationalen Handel, der Wertschätzung für Regeln zur Begrenzung von Subventionen vereinbar? Ohne umfassende Debatten, Beratungen über konkrete Governance-Strukturen und das Etablieren von Mechanismen, welche Effizienz sichern und Rent Seeking verhindern, ist eine Hinwendung zu einer aktiven Industriepolitik eher geeignet, für die Europäische Union ein Problem zu werden und die an diese Politik gerichteten Erwartungen zu enttäuschen (vgl. Wissenschaftlicher Beirat beim Bundesministerium für Wirtschaft und Energie 2025).

12.2 Die EU und die Möglichkeit der Verschuldung

In Krisenzeiten müssen Organisationen häufig innovative Lösungen suchen, die jenseits traditioneller Pfade sind. Die EU beschritt institutionell neue Wege, als in der Nachfolge der Wirtschafts- und Finanzkrise 2008 Griechenlands Zahlungsfähigkeit durch Mobilisierung umfangreicher finanzieller Mittel erhalten werden sollte, um die Finanzmärkte zu beruhigen. Als die Corona-Pandemie die Mitgliedstaaten vor schwierige wirtschaftspolitische Herausforderungen stellte, wurde mit dem NextGenerationEU-Programm ein Weg beschritten, um den Mitgliedstaaten Unterstützung zu bieten. Inhaltlich wie rechtlich umstritten wurden massiv EU-Schuldenprogramme aufgelegt. Viele der Hilfsmaßnahmen für die Ukraine sind ebenfalls kreditfinanziert.

Die Emission von Anleihen im Umfang von 750 Mrd. € zur Finanzierung des NextGenerationEU-Programms wurde in dem öffentlichen Diskurs von einigen Kommentatoren als ein „Hamilton-Moment" angesehen, in Anspielung an das Handeln Alexander Hamiltons in den noch jungen USA, der 1790 die Vergemeinschaftung der Schulden betrieb. Andere sahen in der Finanzierung ein Verstoß gegen Artikel 311 AEUV. Das Bundesverfassungsgericht hat die Schuldenaufnahme der EU sowohl in der Eurokrise als auch während der Corona-Pandemie gebilligt und gleichzeitig Bedingungen wie die parlamentarische Kontrolle, die zeitliche Befristung und die Zweckbindung formuliert.

Die Debatte über die Verschuldung der EU ist legitim, sinnvoll und notwendig. Auf der einen Seite wird eine Verschuldung der EU als gegenwärtig nicht durch den Vertrag von Lissabon legitimiert angesehen. Es wird darauf verwiesen, dass die Herausforderungen, welche nur europäisch angegangen werden können, durch Umstrukturierung des Haushaltes finanziert werden können und nationale Aufgaben von den Mitgliedstaaten geschultert werden müssen. Auf der anderen Seite wird ein rigoroses Verbot der Verschuldung als dem Gedanken der europäischen Integration abträglich angesehen. Es wird auf die Herausforderungen des Klimawandels verwiesen und die Gefahren, die aus der veränderten Sicherheitslage im Osten Europas resultieren.

Die Debatte über die Verschuldung muss intensiver geführt werden. Die gegenwärtige kaum transparente Vorgehensweise kann keine Dauerlösung für die Europäische Union sein. Der Rückgriff auf komplizierte Finanzierungskonstrukte, welche es erlauben, das Procedere gerade noch als vertragskonform anzusehen, hat das Potenzial, das Bild der EU zu beschädigen. Auch ist der Anschein, dass die EU-Kommission und die gesamte EU Krisen nutzen, um die Macht über das durch das Primärrecht gewährte Mandat hinaus auszudehnen, schädlich für die Wahrnehmung der EU.

12.3 Welche Konsequenzen zieht die EU aus den neuen verteidigungspolitischen Realitäten?

Das Bewusstsein, dass Europa verteidigungspolitisch umdenken muss, ist durch den Krieg zwischen Russland und der Ukraine und durch die Infragestellung der NATO durch die USA in Europa gewachsen. Die Bedrohung der Staaten in Europa führt vielfach zu dem Impuls, eine Stärkung der EU zu fordern und die Zusammenarbeit in diesem Bereich zu intensivieren. Bereits in den 50er-Jahren waren Pläne für den Aufbau einer Europäischen Verteidigungsgemeinschaft weit gediehen. Sie scheiterten damals an dem Widerstand in der französischen Nationalversammlung. Auch später misslangen Versuche der engeren sicherheitspolitischen Kooperation an unterschiedlichen Prioritäten und Einschätzungen der Risiken. Die Abgabe von Souveränität in militärischen Fragen wäre ein großer Integrationsschritt, der mit erheblichen Vorbehalten in der Gesellschaft verknüpft ist.

Eine engere Kooperation innerhalb der EU scheiterte bisher auch an der Priorisierung der Kooperation innerhalb der NATO. Die US-amerikanische Neubewertung der sicherheitspolitischen Interessen und Präferenzen während der Amtszeit Trumps zwingt die europäischen Länder zu einer Neupositionierung (vgl. Münkler 2026, S. 6–10). Dass dies jedoch nicht heißen kann, die sicherheitspolitische Zukunft nur im Rahmen der EU zu denken, macht schon der Brexit deutlich: seit dem Jahr 2020 gehört ein zentraler sicherheitspolitischer Akteur Europas nicht mehr der EU an. Diese Beschreibung der Situation zeigt, dass der Bedarf, sich mit der strategischen Ausrichtung Europas auseinanderzusetzen, weit über die Bereitstellung der Mittel im Mehrjährigen Finanzrahmen hinausgeht (vgl. Sinn 2025).

12.4 Wachsende Heterogenität als große Herausforderung für die Union

Die Heterogenität der Union war stets ein Teil der europäischen Realität. Große und kleine Staaten, Staaten mit föderaler und zentralistischer Ordnung, Staaten mit dem Schwerpunkt auf Landwirtschaft und solche mit dem Fokus auf Industrie oder den Dienstleistungssektor, Staaten mit unterschiedlich hohem Pro-Kopf-Einkommen prägten schon immer die Vielfalt innerhalb der Union und bedeuteten Herausforderungen für die Gemeinschaft. Häufig ebneten sich die Unterschiede über die Zeit ein: das Pro-Kopf-Einkommen der Länder konvergierte, die Wirtschaftsstruktur wurde ähnlicher, soziale Realitäten glichen sich an. Diese Konvergenz führte dazu, dass die anfänglichen Unterschiede ein eher temporäres Problem waren.

Mit den Erweiterungsschritten 2004, 2007 und 2013 stieg die Heterogenität nicht nur in wirtschaftlicher und sozialer, sondern vor allem auch in politischer Hinsicht: Die Aufnahme von Staaten, die aufgrund der Nachkriegsordnung eine kurze staatliche und demokratische Tradition haben, änderte den Charakter der EU stärker und nachhaltiger als angenommen. Viele der Beitrittsländer sind durch andere Wertvorstellungen und Ziele geprägt als dies in westlichen Ländern der Fall ist. Hinzu kommt, dass die politische Entwicklung, die Schaffung eines demokratisch verfassten Systems der Gewaltenteilung, der Aufbau intakter und starker Organe der Legislative, Judikative und Exekutive, Zeit benötigt. Erfahrungen aus den Nation-Building-Prozessen in anderen Teilen der Welt fanden zu wenig Beachtung. Der alleinige Blick auf die Erfüllung der Kopenhagener Beitrittskriterien war kurzsichtig und naiv. Der mangelnde Fortschritt, der Stillstand und gar der Rückschritt in der Qualität der demokratischen Strukturen in manchen Ländern traf die Union unvorbereitet.

Diese gewachsene Unterschiedlichkeit ist nicht allein auf die Beitrittsländer beschränkt. Auch in Staaten, die bereits in den 50er-Jahren zu den Gründungsstaaten gehörten oder in den 70er-, 80er- oder 90er-Jahren beitraten, ist die politische Entwicklung der letzten Jahre durch eine zunehmende Heterogenität geprägt. Das negative Abstimmungsergebnis zur geplanten europäischen Verfassung in Frankreich und den Niederlanden war ein wichtiges Warnzeichen. Die Ablehnung des Lissabon-Vertrages in Irland war ein weiterer Hinweis für ein wachsendes Legitimitätsproblem der EU. Der Austritt des Vereinigten Königreichs aus der Union wurde in den Mitgliedstaaten als Sonderproblem des Landes interpretiert und war doch ein Signal für eine tiefere Krise der Union.

Das Aufkommen und Erstarken europakritischer politischer Kräfte in vielen Ländern Europas wie etwa in Frankreich, in Italien, in Deutschland oder in den Niederlanden zeigt, dass die Unterstützung für das europäische Projekt weniger gefestigt ist, als dies in den ersten Jahrzehnten nach Gründung der Europäischen Gemeinschaften der Fall war.

12.5 Institutionelle Reformen sind unerlässlich

An vielen Stellen bringt die gewachsene Heterogenität der Union eingespielte Verfahren ins Wanken. Entscheidungsprozesse und Prinzipien wie jenes der Einstimmigkeit im Rat der Europäischen Union erwiesen sich in diesem Kontext als unerwartetes und erhebliches Hindernis. Die Veto-Macht einzelner Staaten ist insbesondere in den großen strategischen Handlungsfeldern ein schwerwiegendes Problem (vgl. Münkler 2025, S. 347). Die EU ist in der gegenwärtigen Situation nicht ausreichend in der Lage, auf Handlungen in anderen Ländern wie Russland, China oder den USA gebührend zu antworten.

Die Union sucht nach Wegen, auf schwerwiegende Fehlentwicklungen in Ländern zu reagieren. Mit der Einführung von Instrumenten der Konditionalität beschreitet die EU einen nachvollziehbaren, wenngleich komplizierten Weg zum Umgang mit Korruption und Machtmissbrauch.

Die entscheidende Herausforderung ist die Schaffung von Bedingungen, welche die EU in die Lage versetzen, den politischen und ökonomischen Veränderungen angemessen zu begegnen (vgl. Felbermayr/Flach 2026). Die

Vielstimmigkeit in der EU darf nicht zur Lähmung Europas führen. In der sich entwickelnden multipolaren Ordnung kann Europa nur mitgestalten, wenn es sich als ein handlungsfähiger politischer Akteur erweist (vgl. Münkler 2025, S. 311, Perthes 2026, S. 128–150). Sind vor dem Hintergrund der Blockaden und der Nutzung der Veto-Macht durch einzelne Staaten inkrementelle Veränderungen an der Governance-Struktur in dieser Zeit des geopolitischen Umbruchs ausreichend?

Die Reflexion über die Zukunft der EU muss auch die Infragestellung traditioneller Strukturen beinhalten. Wenn das gegenwärtige Einstimmigkeitsprinzip, welches über viele Jahrzehnte ein sinnvolles Prinzip war, angesichts der geopolitischen und geoökonomischen Umbrüche die EU nicht stärkt, sondern schwächt, dann muss es geändert werden. Europa muss offen über weitreichendere grundlegendere institutionelle Reformen nachdenken.

Der Veränderungsbedarf wird noch dringlicher, wenn man bedenkt, dass im Jahr 2026 neun Staaten den Status als EU-Beitrittskandidat haben: Albanien, Bosnien und Herzegowina, Georgien, Moldau, Montenegro, Nordmazedonien, Serbien, Türkei und die Ukraine. In Island ist für 2026 ein Referendum zur Frage der Wiederaufnahme von Beitrittsverhandlungen geplant. Die Liste der Staaten zeigt, dass trotz der Probleme und Herausforderungen für viele Staaten die Mitgliedschaft mit Vorteilen verknüpft wird. Erweiterung und institutionelle Reformen der EU sind parallel zu denken.

12.6 Schlussbemerkung

Die Entwicklung des Mehrjährigen Finanzrahmens fällt in eine Zeit des geopolitischen Umbruchs. Die Notwendigkeit, sich auf einen operativen Plan für einen 7-Jahres-Zeitraum zu verständigen, darf den Blick nicht dafür verstellen, dass die EU in der zweiten Hälfte der 20er-Jahre dieses Jahrhunderts mit grundlegenden Fragen konfrontiert ist. Die EU ist gehalten, diese Debatte über die großen Herausforderungen der Zukunft und über die Reform der EU zu führen.

Literatur

Felbermayer, Gabriel/Flach, Lisandra (2026), (Hrsg.): Sonderheft Geoökonomie: Geoökonomische Herausforderungen und ihre Folgen für die Europäische Union, in: Perspektiven der Wirtschaftspolitik, Jg. 27, H. 1

Münkler, Herfried (2025): Macht im Umbruch – Deutschlands Rolle in Europa und die Herausforderungen des 21. Jahrhunderts, Rowohlt Verlag, Berlin

Münkler, Herfried (2026): Geostrategische Neupositionierung der USA, in: Neue Gesellschaft/Frankfurter Hefte 2026, S. 6–10

Perthes, Volker (2026): Die Multi-Polarisierung der Welt – Ein geopolitischer Wegweiser, Suhrkamp Verlag, Berlin

Sinn, Hans-Werner (2025): Trump, Putin und die Vereinigten Staaten von Europa, Herder Verlag, Freiburg, Basel, Wien

Wissenschaftlicher Beirat beim Bundesministerium für Wirtschaft und Energie (2025): Industriepolitik in Europa, Gutachten vom 26.08.2025, Berlin, München

Register

Abbildungsverzeichnis

Tabellenverzeichnis